目標達成に導く
セルフ コーチング

思考を整理する 自己対話のコツ

JN093091

谷 益美 著

はじめに

やったほうがいいことはわかっているのに動けない。
やる気はあるのに、何から手をつければいいのかわからない……。

　私たちは、何が問題なのかわからなかったり、何をすればよいのかわからなかったりして、モヤモヤと悩むことがあります。そしてそのモヤモヤは、私たちの手や足を止め、行動を妨げます。そんなとき、まず試してみてほしいのが、本書でご紹介するセルフコーチングの手法です。セルフコーチングとは、自分とうまく対話することで、自分の思考を整理して、自らの行動をうながす技術です。

　最近、ChatGPT をはじめとする人工知能ツールが大きな話題になっています。私もアイデア出しなどに活用していますが、これからの世の中や仕事のあり方などを AI が大きく変えていくことは間違いないと感じています。

　こういった大きな時代の変化の中で、これからの私たちに求められるものとは何でしょうか?

　それは、判断し、決定し、行動する力を高めること。いくら AI が答えを導き出したとしても、自分の人生において選択を行い、その結果に責任をもつことができるのは、自分だけだからです。スピード感をもって試行錯誤を重ねる行動力と、そこから得られる体験知を蓄積していくことが、よりよい未来を生み出す可能性を高めてくれるはずです。

　また、これから訪れるであろう AI の時代には、求められるスピード感もますます増していくでしょう。たしかに、特にビジネスにおいてスピード感をもって物事を進めていくことは重要です。しかし、目の前の

対応に囚われすぎて、自分を見失ってしまっては本末転倒です。ときに立ち止まり、本来自分が見据えるべきこととじっくり向き合う時間をもつことも、同様に重要なのです。

　自分との対話を通じて「引き出し」、何をすべきかを「まとめる」。
　これら2つのアクションは、私が普段ビジネスパーソンに向けて伝えているコーチングやファシリテーションのスキルと共通のものです。これからの時代を生き抜くうえで、対話を通じて状況を客観的にとらえ、自分と向き合うセルフコーチングの技術は、重要な武器になるはずです。

　本書では、セルフコーチングの考え方とテクニックを、主にビジネスパーソンの方にすぐに役立てていただけるよう、シンプルで実践的な形にまとめました。また、直観的につかんでいただくため、図解もまじえて構成しています。自分の興味のあるところから、どこからでも読みはじめてみてください。

　セルフコーチングのやり方を理解し、実践することで、自分の中のモヤモヤを言葉の力で整理することができるようになります。効果的な考え方を身につけることで、課題解決に必要な考え抜く力も高まっていきます。そしてまた、自分へのコーチング実践は、目標達成に必要なまわりのメンバーへの影響力も高めてくれるはずです。

　本書を手に取った瞬間から、目標達成に向けたセルフコーチングは始まっています。
　早速、実践していきましょう。

谷 益美

セルフコーチングとは？

**❶自分とうまく対話することで
自分の思考を整理して
自らの行動をうながす技術**

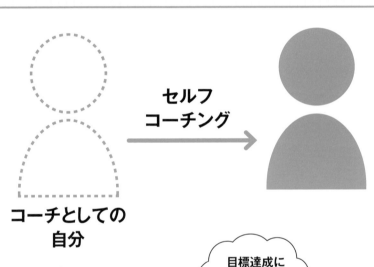

セルフ
コーチング

コーチとしての
自分

思考を整理

行動

目標達成に
向けて
スキルの取得だ!

❷ビジネスの現場から プライベートの人間関係まで あらゆる場面で使える！

ビジネス

人間関係

スキルアップ

転職活動

セルフコーチングを身につけると？

❶頭の中のモヤモヤがスッキリする！

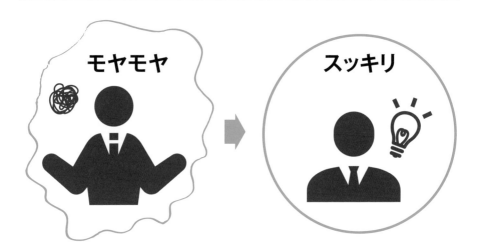

モヤモヤ

スッキリ

❷目標が明確になって自信をもって行動できるようになる！

やるぞー

だんだんと目標や課題が明確になっていく！

❸自己対話→行動のサイクルで PDCA が回る!

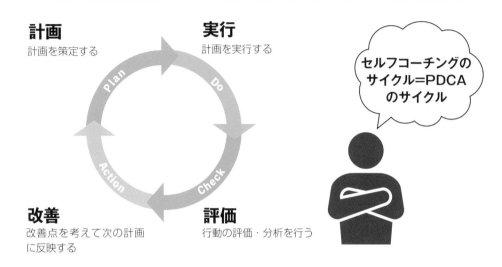

計画
計画を策定する

実行
計画を実行する

セルフコーチングの
サイクル=PDCA
のサイクル

改善
改善点を考えて次の計画
に反映する

評価
行動の評価・分析を行う

❹コーチングにも役立つ

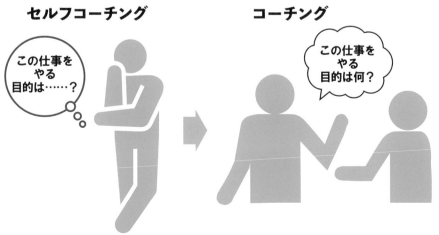

セルフコーチング

この仕事を
やる
目的は……？

コーチング

この仕事を
やる
目的は何？

目標達成に導く セルフコーチング

思考を整理する自己対話のコツ

Contents

CHAPTER 1

セルフコーチング
って**何**？

セルフコーチングって何？

01

そもそも コーチングとは？

自分自身にコーチングを行うことで、自分の中からアイデアや
パフォーマンスを引き出すことができます。

「与える」のではなく 「引き出す」コミュニケーション

セルフコーチングとは、自分自身に対して「コーチング」を行うことです。では、「コーチング」とは何でしょうか？

スポーツの「コーチ」をイメージしてください。コーチは自分が競技に参加するのではなく、選手が最高のパフォーマンスを発揮できるようにサポートします。

その考え方を応用して、たとえば上司が部下を育成したり、あるいは専門家がクライアントの自己実現を助けたりすることが、ビジネスにおける「コーチング」です。

ただし、知識と経験が豊富な先輩が、後輩に「こうすればいいんだよ」と手取り足取り教えることは、コーチングとはいいません。

コーチングとは、「与える」コミュニケーションではなく、「引き出す」コミュニケーションです。指導される側が自力で問題を解決し、主体的に目標を達成できるように、本人の中からアイデアやパフォーマンスを「引き出す」のです。

一方的な「与える」指導法とくらべたときのコーチングの特長は、本人の自発性を活かせる点です。本人がモチベーションをもって、問題解決や目標達成に全面的にコミットし、成長していくことができます。

「引き出す」コミュニケーション

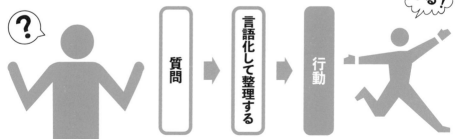

？　質問　→　言語化して整理する　→　行動　やる！

12

POINT 1

「与える」コミュニケーションには どんな問題点があるのか？

　経験の浅い人を指導するときなどは、「教えたほうが早いじゃないか」と思われるかもしれませんが、立場が上の人が一方的に「与える」コミュニケーションでは、指導される側が委縮して、いいなりになってしまうこともあります。「上司のいうとおりにすればいいや」と思わせるような状況が続くと、指導者に依存する、主体性のないメンバーばかりになりかねません。チームマネジメントの観点からも、「与える」だけではなく、別の手法も必要になるのです。

「与える」コミュニケーション

○○○するように！

はい！

POINT 2

コーチングに必要な3つのスキル 「聞く」「質問する」「伝える」

　コーチングでコーチが使う「引き出す」スキルは、3つに分解できます。「聞く」スキルは、相手が話しやすい状況を作り出し、話を引き出す技術です。話を聞きながら、「質問する」スキルを使って、相手が考えを広げたり深めたりするサポートをします。さらに、相手の思考を整理したりコメントを加えたり、時に励ましたりするのが「伝える」スキルです。

　コーチはこの3つのスキルを使って、相手と継続的に対話することで、変化を生み、目標達成を助けます。そして、これらのスキルを自分に向けて行うのが「セルフコーチング」なのです。

コーチングの3つのスキル

①聞く

相手が話しやすい状況を作り出し、話を引き出す。

②質問する

相手が考えを広げたり深めたりするサポートをする。

③伝える

相手の思考を整理したりコメントを加えたり、時に励ましたりする。

プライバシー保護やコスパのよさなど
さまざまなメリットがある

セルフコーチングを身につけることで起こるメリットと、注意点を
解説します。

コーチングしてくれる人が
いなくても**自分でできる**

「何をやればいいのかわからない」
「選択肢はあるけれど、どれを選べばいいのかわからない」
「やらなければいけないことは理解しているんだけど、行動に移せない」

そんな状態に陥ってしまったことが、だれでも少なからずあるのではないでしょうか。そこにいつまでもはまっていると、仕事は進まず、タスクは山積みです。

そんなとき、コーチングを受けることができれば、話を引き出してもらう中で思考が進み、整理され、行動へと踏み出しやすくなることが期待できます。

しかし、困ったときにコーチングを受けられるとは限りません。まわりはコーチングのスキルをもつ人ばかりではないでしょうし、忙しい上司や先輩の時間をもらうのに気が引けることもあるでしょう。

そんな状況で役に立つのが、自分で自分をコーチングするセルフコーチングのスキルです。これを身につけていれば、問題を見きわめ、取るべき行動を決定し、実行に移せるように、自分を導いていくことができます。セルフコーチングのスキルとは、自分というリソースから最高のパフォーマンスを引き出すための能力なのです。

目標達成に
向けて
スキルの取得だ!

思考を自分でうながし

↓

思考を整理して

↓

行動を自分の中から生み出す

POINT 1

セルフコーチングには
こんなにメリットがある！

　セルフコーチングは、コーチングと比較したとき、いつでもどこでもできる、プライバシーを守れる、自分でやるのでコスト不要など、さまざまなメリットがあります。コーチングをしてもらうことに二の足を踏んでいた人でも気軽に取り入れることができます。

セルフコーチングの主なメリット

時間と場所の柔軟性	いつでもどこでも実行可能でスケジュールが自由に。
継続性	自分のペースで続けられる（ただし、続けるには自分を律する姿勢が必要）。
プライバシー	自分の秘密を他人に知られずにすむ。
独立性	コーチとの人間関係を気にせずにすむ。
自己理解と自己効力感の向上	自分の思考や感情への理解を深め、成功体験から自信をもつことが期待できる。
コストパフォーマンス	プロのコーチに依頼するのとくらべると、金銭面のコストを抑えられる。

POINT 2

自分で自分を
コーチングするときに
注意しなければ
いけないことは？

　メリットの多いセルフコーチングですが、注意しなければならない点もあります。ひとりで行うため、継続するには自己管理が必要であったり、客観性な視点や知識不足なども考えられます。本書ではそれらの対処法も紹介します。

セルフコーチングの注意点

自己管理が必要	ペースを守って継続するには、自分で自分を律していかなければならない。
客観的な視点をもちにくい	他者の視点が入らないので、自分の発想の枠にとらわれる危険性がある。
目標設定が難しい	目標が甘かったり、逆に厳しすぎてそこへ向けた実践が難しくなったりしがち。
知識不足	成長したい分野に関する知識などを、自分で調達してくる必要がある。
フィードバックを得にくい	自分が変化したり成長したりできているか、正確に把握するのが難しい。
感情のマネジメント	「人に聞いてもらうことで感情を落ち着かせる」という効果はない。

セルフコーチングは問題解決と目標達成のための必須スキル

セルフコーチングを身につけると、「何をめざしていいかわからない」などのモヤモヤを解決できます。

セルフコーチングはすぐに取り組め、効果が大きい

セルフコーチングは難しいものではありません。例をひとつ見てみましょう。

地方で人材育成・研修サービスの会社を経営するTさんには、悩みがありました。「顧客層も事業内容も固定してしまっている。この先、大丈夫かなあ……」

そこでTさんは思考の整理のため、「ふり返りマップ」を作ってみました。現在の仕事について「どんなきっかけで始まったんだっけ？」と自分に質問し、「あの人が紹介してくれたからだ」「じゃあ、あの人とはどうやって出会ったんだっけ？」とさかのぼりながらマッピングするのです。

その結果、東京での勉強会に参加したとき出会ったひとりの人が、現在の仕事の源流になっていることがわかりました。この自己対話からTさんは、「私の場合、いつもと違う場所へ行ったときに出会った人から仕事がつながるんだ」との気づきを得ます。そして積極的にいろいろな場へ足を運ぶことを心がけたところ、出会いが増え、だんだんと仕事が広がっていったのです。

お気づきかもしれませんが、この「Tさん」は私です。思いついたらすぐに取り組めるセルフコーチングの手軽さと効果の大きさがおわかりいただけたと思います。

ふり返りマップの例

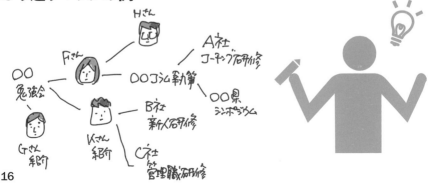

POINT 1

自分と対話しながら時間をさかのぼり 「ふり返りマップ」を作ってみる

「ふり返りマップ」は、「自分がこれまでどういう道を歩いてきたか」をふり返り、ひと目で見通せる形に可視化したものです。「この出来事のきっかけは？」と自分に問いかけ、それに答えるという自己対話を通して作成します。これを見ると、自分でも気づかなかった傾向などがわかり、課題や目標が浮かんできます。

　自分の中から引き出して、問題解決や目標達成につなげるという意味で、「ふり返りマップ」を作る作業は有効なセルフコーチングだといえます。

転機となった出来事

そのきっかけは？
（ふり返り）

東京で参加した勉強会で知り合った

そのきっかけは？
（ふり返り）

Aさんにさそってもらった

POINT 2

セルフコーチングを身につけると 「何をすべきか」が見えてくる!

　セルフコーチングを行うメリットとして大きいのは、「モヤモヤに終止符を打てる」ことです。悩みが目に見えず言葉にならないままでは、対処することは困難です。言語化して可視化することで、悩みは「問題」として整理され、取り組むべき「課題」が明確になります。また、「何をめざせばいいのか」がわからずモヤモヤしている人も、セルフコーチングによって目標を見つけられます。

　セルフコーチングは、問題解決と目標達成のための必須スキルなのです。

何を選べばいいかわからず決められない

やる気が出ない…

何も考えられない

言語化して可視化してみる

課題が明確になった

セルフコーチング
って何？

04

セルフコーチングが
使えるのはどんなとき？

問題に直面したときだけでなく、タスクの洗い出しや意思決定をし
たいときなどあらゆる場面でセルフコーチングは役に立ちます。

「コーチとしての自分」を置くことで、
問題に冷静に対応できる

　セルフコーチングは、どんな状況でも「使
える」スキルです。

　たとえば、あなたが営業部員で、ここ数ヶ
月成績が落ち込んでいるとします。焦って
がむしゃらに動きつづけても、なかなか事
態が好転しません。そんなときは一度落ち
着いて、「気になること」を全部、紙に書
き出してみてはどうでしょうか。そこから
不振の原因が浮かび上がり、取るべき行動
が見えてくる可能性があります。

　職場の人間関係に悩んでいる人は、か
かわっている人の名前をすべて書き出し、
それぞれの人について「何に悩んでいるの

か」を言葉にしてみましょう。そこから、「自
分はどういう状態を望んでいるのか」につ
いて、自分との対話が始まります。

　また、プロジェクトの途中で進行の遅れ
が判明し、目標達成に黄色信号が灯ったと
きは、原因や対処すべきこと、関係してく
る要因、目標修正の是非などを書き出し、
ひとつずつ検討します。ここでも、意識的
に「コーチとしての自分」を置くことで、
冷静に事態に対応できます。

　このように、ビジネスに関連するあらゆ
る場面で、セルフコーチングを役立てるこ
とができるのです。

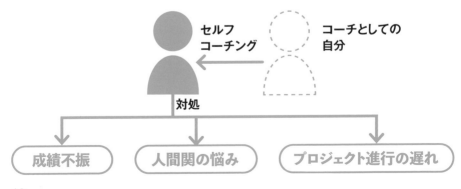

POINT 1

セルフコーチングが「効く」シーン①
タスク化したいとき

　特に困りごとがなくても、セルフコーチングは有益です。セルフコーチングが即効性を発揮するシーンのひとつとして、「タスク化」があります。

　新規の営業活動を始める場合や、イベントの運営を任された場合など、プロジェクト単位の仕事が動き出すとき、「やるべきことは何か」「何から始めればいいのか」を洗い出すのに、セルフコーチングは役立ちます。すべていったん書き出して、優先順位をつけ、進行表やカレンダーに落とし込んでいくのです。

①タスクを洗い出す

例）
やるべきことは何か
何から始めればいいのか

②優先順位をつける

書き出したすべてのタスクを重要なもの、緊急性の高いものなど優先順位をつけます。

③カレンダーなどに落とし込む

タスクを実際のスケジュールの中に落とし込み計画的に進めることができます。

POINT 2

セルフコーチングが「効く」シーン②
意思決定したいとき

「意思決定」のシーンでも、セルフコーチングが即効性を発揮します。

　ビジネスには意思決定がつきものです。多くのビジネスパーソンは一日に何度も、大なり小なり「自分は何をすべきか」「選択肢がある中で、どれを選択するのか」を決定しています。

　意思決定の際、ものごとをいろいろな角度から見て、メリットやデメリットを検討することが必要になります。そのとき、自分と対話しながら考えを広め、深めるセルフコーチングが有用なのです。

スケジュールは間に合うか？

類似商品はあるか？

新規事業の決定

人員は足りているか？

予算は合うか？

セルフコーチング
って何？

05

セルフコーチングは①対話→②行動の　2つの段階に分けて進めよう

自分と対話して思考を整理し、行動に移す。その結果を自己対話によってふり返り、改善していきましょう。

自己対話と行動のサイクルを　定期的に回していこう

　セルフコーチングには、大きく分けて2つの段階があります。自分と対話するフェーズと、行動するフェーズです。

　自分と対話するフェーズでは、まずコーチとしての自分が、クライアント（コーチングを受ける側）としての自分に対して、何らかの問いかけを行います。そしてその質問をもとに、自分の思考をさまざまな角度から深めていきます。

　この対話の際、言葉を口に出したり、ノートなどに書き出したりするのが有効です。自分の中にあるモヤモヤした考えを、いったん声や文字として外に出し、

外からの情報として入れ直すと、「あっ、自分はこんなことを考えていたんだ」という気づきが生まれ、言葉を通して思考が整理されます。また、目標を達成するには、思考を整理して終わりにしてはいけません。次の行動するフェーズに移ることが大事です。整理した思考の中から、何らかのアクションを実行するのです。

　そして行動したあとには、また自分と対話しながらふり返る時間を設け、次に何を改善するべきかを考えます。こうして、自己対話と行動のサイクルを定期的に回していくのがセルフコーチングです。

①自分と対話する

思考 ▶ 言語化 ▶ 整理

？

見る

書く

②行動する

対話 ━━━━▶ 行動
（思考→言語化→整理）

ふり返り

改善

POINT 1

自分の考えを話して、それを自分で聞くことで気づきを得るオートクライン

　自分が話した言葉を自分で聞くことで、自分自身の考えに気づくという現象を、コーチングではオートクラインと呼びます。

　私たちは、流れていく思考のすべてを明確に意識できているわけではなく、言葉にすることで自覚することもよくあります。オートクラインによる気づきは「自分はこう考えていたんだ！」という発見でもあります。自分で得た気づきだからこそ、納得感が高く、行動に移すときのやる気も高まりやすいのです。

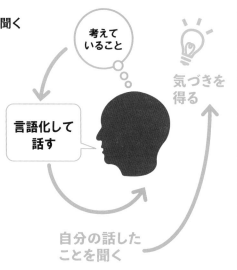

POINT 2

セルフコーチングのサイクルはPDCAサイクルとして考えよう

　セルフコーチングの進行は、PDCAサイクルとしてとらえられます。

　Pは、計画（Plan）の段階です。目標を設定し、それを達成するための戦略や計画を立てます。この段階は、自分と対話するフェーズに相当します。

　その計画を実行（Do）するのが、Dの段階です。これは行動するフェーズに相当します。そのあと、評価と検証（Check）を行うCと改善（Action）を考えるAを経て、次のPに進みます。これも自己対話のフェーズだといえます。

計画
計画を策定する

実行
計画を実行する

改善
改善点を考えて次の計画に反映する

評価
行動の評価・分析を行う

セルフコーチング
って何？

06

「目標」はまだ見えていなくても
だんだんと引き出されてくる

どんな目標に向かうときもセルフコーチングは有効ですが、たとえ
目標が見えなくても悩む必要はありません。

とにかくセルフコーチングを回して
行動していくことが大事

本書の目的は、みなさんがセルフコーチングを通じて「目標」を達成できるようになることです。目標とは「目的を達成するために置かれた目印」です。目印ですから、そこに到達できたかどうか、明確にわかる目標になっている必要があります。たとえば「売上高を前年比10％増やす」「資格試験に合格する」などは、具体的な目標だといえます。

目標は、「今週中に企画書を完成させる」といった短期のものから、「10年後までに自分の会社を起業する」といった長期のものまでさまざまです。どのような目標をめ

ざすにしても、セルフコーチングを行い、自己対話と行動をすることでよりスムーズに目標達成をめざせるようになります。

現時点で明確な目標がなく、「何をめざせばいいのかわからない」という方も少なくないと思いますが、そんな方も悩む必要はありません。自己対話と行動を重ねることで、だんだんと目標が引き出されていきます。「目の前のタスクを完遂する」といった小さな目標でもかまいません。それに向けて日々行動することが大事です。行動を通して周囲の状況や自分の視点が変わり、より大きな目標が見えてくるからです。

「目的」と「目標」のイメージ

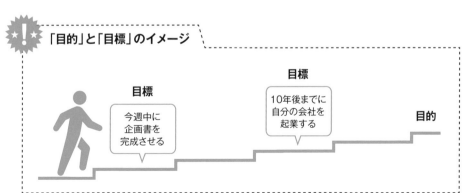

目標

今週中に
企画書を
完成させる

目標

10年後までに
自分の会社を
起業する

目的

POINT 1

「今日やるべきこと」に追われていても体験知を積んで視座を高めればOK

「毎日、やらなければいけないことが多すぎて、短期的な目標のことしか考えられていない……」。そんな方は、ときにはゆっくり時間を取って、「自分は何をめざしたいんだろう」と考えてみるのもオススメですが、長期的な目標が見つからないことを悲観する必要はありません。

行動し、目の前のことをクリアすることで、だんだんと体験知が積みあがっていきます。そして階段を上るように視座が高まり、長期的な、高い目標が見つかりやすくなるのです。

POINT 2

遠くのイメージしか見えていなくてもとにかく行動してみよう

逆に、遠くに「いつかこうなりたい」というイメージは見えているけれど、実現のために何をすればよいかわからない人もいるでしょう。そんな場合、たとえば「こうなりたい」とまわりに伝えることもひとつの行動です。私自身、「40歳までに大学に部屋をもちたい」と話しつづけたところ、部屋はもてていませんが大学とのかかわりが生まれ、今の仕事につながっています。

セルフコーチングのコツは、自分を行動させること。小さなことでも行動しましょう。そこから道が開けます。

自分の会社を起業する

セルフコーチングに必要な マインドは「改善思考」

「今ここで、完璧な答えを出そう」と考えると、決断できず行動に
移せないまま時間ばかりすぎてしまいます。

ある程度の仮説で**まず行動**し **ふり返って改善**すればよい

セルフコーチングを行うにあたって、と
ても大事なマインドがあります。

それは、改善思考です。

たとえば、何らかの行動をしなければな
らず、「どういう選択肢があり、何を選ぶ
か」について考えるとき、私たちはつい「完
璧な答え」を見つけようとしてしまいます。
しかし、現実には「完璧な答え」が見つか
ることなどありません。探しつづけている
間に時間だけがすぎてしまい、結局、決断
できないということになりがちです。これ
は私自身にもよくあることです。

本当に必要なのは、今すぐに「完璧な

答え」を出すことではありません。

必要なのは、ある程度の仮説でまず行
動してみることです。

行動すれば、何らかの結果が出ます。そ
の結果をふり返って検証することで、「もっ
とよくするにはどうすればよいか」が見え
てきます。つまり、「完璧な答え」でなく
てもまず行動し、その行動をヒントにして、
次によりよい行動が取れるようにステップ
アップしていけばよいのです。

改善思考をもち、行動へのハードルを
低くすることが、セルフコーチングをうま
く活用し、目標達成に近づくコツなのです。

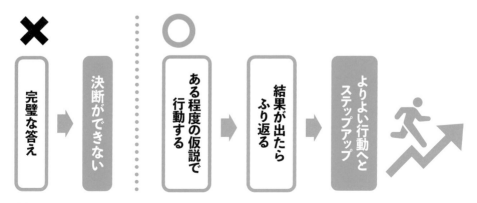

× 完璧な答え → 決断ができない

○ ある程度の仮説で行動する → 結果が出たらふり返る → よりよい行動へとステップアップ

POINT 1

改善のためのふり返りの際は柔軟に「部分点」をつけよう

改善思考でセルフコーチングを進めていくためには、行動とその結果をふり返って評価するプロセスが重要です。自分のパフォーマンスを評価する際、「うまくいった」か「まったくダメ」かという、いわば100点か0点かの極端な評価は、建設的ではありません。「ここはできたけれど、あそこは改善の余地がある」と、柔軟に「部分点」をつけたほうが、次の改善に役立ちます。修正しなければならない部分を、できるだけ客観的に見極めましょう。

POINT 2

失敗と向き合う「失敗学」の知恵はセルフコーチングにも活かせる

工学者の畑村洋太郎氏によって提唱された、「失敗学」という研究があります。失敗と向き合い、プラスに活かすためのその考え方は、セルフコーチングにも参考になります。まず大事なのが、失敗を恐れず試行錯誤する姿勢です。失敗してしまったときは、致命的ダメージは避けながらうまく回復して、しっかりと反省・分析します。そして、同じ失敗やより大きな失敗を犯さないように対策を打ち、新しい創造につなげようというのが、失敗学の基本的な考え方です。

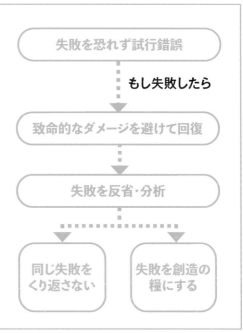

セルフコーチング
って何？

08

２種類の対話方法を使い分け
自分と向き合う時間を作ろう

対話を行うシチュエーションに応じて対話方法を変えてみましょう。

「ながら」と「じっくり」の
自己対話を生活の中で使い分ける

セルフコーチングにおける自分自身との対話は、いつ行えばよいのでしょうか？

自分との対話のやり方は２種類あり、生活の中で使い分けると効率的に自分と向き合うことができます。ひとつは「ながら」の自己対話です。自分は最も気兼ねのいらない相手ですから、基本的にいつでも対話してOKです。通勤しながら心の中で対話することも、お風呂に入りながら対話することもできます。

しかし、そのようなシチュエーションでは、言葉を口に出したり書き出したりすることが難しい場合も少なくありません。「な

がら自己対話」には、アウトプットしにくいというデメリットがあります。

アウトプットしないと、思考が一定以上の広がりや複雑さ、深まりをもてません。また、具体的なアクションプランにつながらず、単純に忘れてしまいます。

そこでときにはもうひとつの「じっくり腰を据えて」の自己対話を行いましょう。紙に書いたり、しゃべって録音したりといったアウトプットもできる時間を確保するのです。特に、明確な目標の達成に向けて行う場合は、定期的な「じっくり自己対話」がオススメです。

①ながら自己対話	②じっくり自己対話
○ いつでもできる	○ アウトプットしやすい
✖ アウトプットしにくい	

POINT 1

「ながら自己対話」のコツは 「スキマ時間」の有効活用

　通勤時間や待ち時間などのスキマ時間は、自分と向き合って対話する時間に変えることができます。たとえば電車移動のときなど、なんとなくスマホを眺めてしまうような時間に、メモ帳アプリを開きます。そこに「新企画のための市場リサーチをする」など、緊急度は低いけれど重要度は高い「やるべきこと」「やりたいこと」を書き出すのです。そうしておけば、「じっくり自己対話」の際に考えるべきリストができて、より効果的なセルフコーチングが行えるようになります。

オススメのメモアプリ

GoodNotes 5
手書きでノートを取ったり、取り込んだPDFや資料等に注釈をつけたりすることが可能なiPad/iPhone/Mac向けのノートアプリです。

Notion
メモやタスク管理、ドキュメント管理など、仕事で使うさまざまなツールを一元的に使うことができるクラウド型のアプリです。

POINT 2

「じっくり自己対話」の設定は 目標とライフスタイルに合わせて

「じっくり自己対話」は、必ずしも毎日行う必要はありません。週に一度とか月に一度とか、目標の大きさや達成までのスパンに応じて頻度を決めればよいと思います。朝でも夜でも、自分のライフスタイルに合わせて落ち着いた時間を確保しましょう。

　また、自分とじっくり向き合うために必要なのは、さまざまな通知を切り、メールも見ないことです。緊急度よりも重要度を重視したい時間ですから、緊急度を知らせるものは排除します。

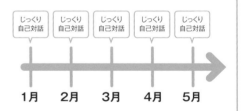

じっくり自己対話 じっくり自己対話 じっくり自己対話 じっくり自己対話 じっくり自己対話

1月　2月　3月　4月　5月

OFF

CHAPTER 1
CHAPTER 2
CHAPTER 3
CHAPTER 4
CHAPTER 5

09

ものごとに取り組む
「直前」「直後」に実践しよう

ビジネスにおいて、何ごとかに取り組む直前と直後に自己対話の時間を設けると、大きな成果につながります。

「直前のセルフコーチング」と「直後のセルフコーチング」

「ながら」や「じっくり」も大事ですが、セルフコーチングをビジネスの現場にもち込み、スピード感をもってやるべきことをつかみ、実行していくことも有効です。

まずオススメなのが、「直前のセルフコーチング」です。ものごとに臨む前に、自分の目標や取るべき行動、注意点などについて、自己対話でチェックするのです。これを行って思考を整理しておくと、落ち着いてことに臨めます。

もうひとつのオススメが、「直後のセルフコーチング」。ものごとが終わったあとすぐに、「自分のすべきことはできたか

な？」といったふり返りを行うのです。直後にふり返ることで、細かくチェックできますし、改善への初動が早まります。

直前・直後の自己対話を習慣化するには、具体的なルーティンを作るのがよいでしょう。オススメは「行動の前後にノートを開く」というアクションです。たとえば、お客様のところへ行く前にノートを開き、見開きの左ページにやるべきことを書きます。そして商談が終わったら、右ページにふり返りを書くのです。こうやって具体的行動として実践していくことで、直前・直後のセルフコーチングが習慣化します。

行動の前後にノートを開く

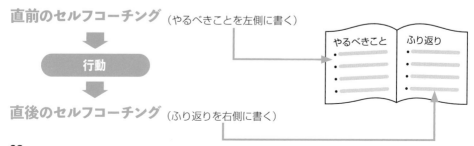

直前のセルフコーチング（やるべきことを左側に書く）

↓

行動

↓

直後のセルフコーチング（ふり返りを右側に書く）

やるべきこと　ふり返り

POINT 1

「直前のセルフコーチング」で チェックするポイント

　直前のセルフコーチングでは、まず行動によって手に入れたい成果や、どんなストーリーを作りたいかをイメージしておきましょう。同時に、最悪のシナリオも思い描き、どう対応するかを想定しておくと、冷静に行動できて、レジリエンス（回復力）の強化にもつながります。

　行動の際にどんな注意点があるかも確認しましょう。また、緊張や不安、恐怖などの感情に気づいたら、「私は今、緊張しているなあ」と言語化するだけでも、案外緩和されるものです。

主なチェックポイント

・手に入れたい成果は何か？

・最悪のシナリオは？

・最悪のシナリオに どう対応する？

・行動の際の注意点は？

・感情の言語化

など

POINT 2

「直後のセルフコーチング」には いろいろなフレームワークが使える

　直後のふり返りには、いろいろなフレームワークが利用できます。たとえば KPT があります。K（Keep）は「成果が出ていて続けること」、P（Problem）は「解決すべき問題」、T（Try）は「次に挑戦すること」です。これらの項目を自分に問いかけます。

　ほかにも、Fact（事実）、Feel（感じたこと）、Find（気づいたこと）、Feedback（それをどう活かすか）をチェックする早稲田大学教授の杉浦正和先生の 4F など、多くのものがあります。お好みのものを使ってください。

KPT		
Keep 成果が出ていて続けること	Problem 解決すべき問題	Try 次に挑戦すること

4F			
Fact 事実	Feel 感じたこと	Find 気づいたこと	Feed back それをどう活かすか

CHAPTER 1
CHAPTER 2
CHAPTER 3
CHAPTER 4
CHAPTER 5

セルフコーチング
って何？

10

セルフコーチングに使える ツールやアプリ

セルフコーチングで自分自身と対話する際に使えるツールを紹介します。アナログもデジタルも駆使して取り組みましょう。

書き出す場合もしゃべる場合も ツールを使って便利に楽しく

セルフコーチングの自己対話で、自分の考えをアウトプットする際、いろいろなツールを利用することができます。

最も基本的なツールは、自分の考えを書き出すペンとノートではないでしょうか。ペンだと、たとえば3色ボールペンや色鉛筆などでカラフルに書き分けていくのもよいですし、好みの万年筆を使うなど、使い方や自分の好みに合わせて選べばOK。

アナログノートに考えを書き出していくのは、手軽さという大きなメリットがありますが、どんどんたまっていくと保管場所の問題が出てきます。また、必要な内容が複数のノートにわたった場合、何冊ももち歩かなければならないこともあります。そういう点を考慮して、デジタルノートを利用するのもオススメです。

書き出すという意味では、ホワイトボードも有効です。携帯可能な小さなホワイトボードも市販されていますので、興味のある方は使ってみてください。

また、しゃべる形でアウトプットする場合は、アプリを使って録音・録画するのもオススメです。私も、Zoomのようなオンライン会議ツールでしゃべって録画して、考えをスタッフと共有したりしています。

基本的なツール

アナログノート

デジタルノート

ホワイトボード

オンライン会議ツール

POINT 1

書き出すアウトプットにはこのデジタルツールが使える

デジタルノートで私が利用しているのは、GoodNotes5 という手書きノートアプリです。PDF の読み込みも画像の貼りつけもできますし、作ったメモを書き出して共有することもできます。録音しながらメモを取れる Notability というアプリも重宝しています。

PC でキーボード入力するのももちろんアリです。その場合、Excel や Google スプレッドシートのようなもので「埋めるべき枠組み」を作り、それを埋めていくと、抜け漏れなく考えることができます。

（Excelなどで作る表の例）

日付	やるべきこと	気になること	備考
／			
／			
／			
／			

POINT 2

今話題の生成系AIとの対話も セルフコーチングに利用できる

生成系 AI は、うまく使えばセルフコーチングの強力なツールになります。

何か新しいことに取り組むとき、有効な使い方が、「考えるべきこと（問い）の列挙」です。たとえば「社員旅行の幹事になったのですが、考えなければならない事項を列挙してください」と入力すると、たくさんの事項を網羅的に出力してくれます。また、たとえばキャッチコピーや商品名を考える必要があったりして、たたき台となるアイデアがほしいときにもオススメです。

習慣を変えるために動き出そう

セルフコーチングを活用して習慣を変えたいと考えている方もいらっしゃるかと思います。ポイントを2つお伝えします。

ひとつめとして、新習慣を身につけるうえで重要なのは継続です。2009年に行われたロンドン大学の実験では、新習慣が身につくまでにかかった平均日数は66日だったということです。平均値なので目安にしかなりませんが、たとえば「朝6時起床を、これから66日続ける」と目標を立てることで、ゴールが明確になり、やる気も維持しやすくなります。

2つめのポイントは「最初の一歩は小さく」です。たとえば、毎朝ジョギングをする習慣をつけたければ、毎晩枕もとにランニングウェアを置いておき、「起きたらとりあえずそれに着替える」ことを目標にして取り組んでみるのも有効です。

また、他人に宣言することや、継続状況を「見える化」すること（カレンダーに印をつけるなど）も、継続の役に立ちます。

COLUMM 1

CHAPTER 2

モヤモヤを言語化して整理するコツ

まずは モヤモヤを言葉にしよう！

モヤモヤを言語化して整理するコツ

11

考えがまとまっていなくてもOKです。
とりあえず言葉に出すところから始めてみましょう。

言語化すれば考えが「見える化」され
検証できるようになる

第2章では、まだ自分でも把握できていないモヤモヤした考えを言語化することで、課題や目標を発見し、アクションプランを作っていくプロセスを解説します。

セルフコーチングの自己対話は、自分の考えを「言葉にして引き出す」ところから始まります。言語化することで、「自分はどんなことを考えているのか」を明らかにするのです。

ここで大事なのは、このとき引き出された言葉は「最終的に確定したもの」ではないということです。たとえ違和感があっても、「とりあえずの仮のもの」でよいので、

まずはいったん言葉としてアウトプットしましょう。

モヤモヤしていた考えを言葉によって「見える化」すると、その言葉を検証し、修正することが可能になります。「本当か？」とツッコミを入れたり、「自分で書いたことだけど、何か違うんじゃないかな？」と吟味したり、「これとこれがつながっているんじゃないか？」と整理したりしながら、よりよい言葉を探していくことができるのです。最初は仮のものだった言葉は、自己対話を通じて磨きあげられ、深みと広がりをもつようになります。

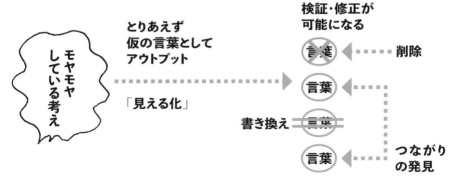

POINT 1

思いついた言葉をジャッジせず まずは「そのまま」アウトプットする

　言語化のメリットを最大化するために重要なのは、思いついたことをそのまま評価せずに出すことです。人と話すとき、私たちはつねに「こんなことを言っても通じないかも」「変な奴だと思われるかなあ」などと無意識にジャッジしていて、言葉に出すのを控えることもよくあります。

　しかし、セルフコーチングの対話は、他人に聞かせるものではありません。自由に思考を深めたり広げたりするために、浮かんだ言葉を、まずは評価なしでアウトプットしてください。

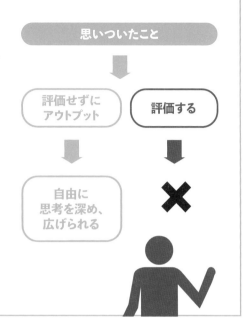

POINT 2

そのまま考えを書き出すときに マインドマップ®が使える

　「思いついたことを評価せず書き出すのに有効なツールのひとつがマインドマップ®です。考えたいテーマを中心に書き、そこから放射状に「ブランチ」といわれる枝を描き、思いついたキーワードを書いてつないでいきます。マインドマップ®の書き方はネット検索しただけでもたくさん出てきますが、ポイントは「文ではなく単語で書く」ということです。単語だけのほうが、関連する新しいキーワードを書き出したり、ほかのキーワードとつないだりしやすく、思考が活性化します。

モヤモヤを言語化して整理するコツ

12

自分の考えを**深め、広げる すぐに使える**シンプルフレーズ

問題、課題、目標を明確にしていく自己対話では、うまく自分に質問することが重要です。

思考を**深める掘り下げの質問**と 思考をどんどん**広げる質問**

モヤモヤした考えを言葉として出したら、その言葉を手がかりに、自分を取り囲む問題や取り組むべき課題、達成するべき目標などを明確にしていきます。そのとき必要なのは、アウトプットされた自分の考えを、深く掘り下げたり広げたりすることです。「自分に質問して答えを引き出す」ことを意識して進めましょう。ポイントは、思考を深める「垂直方向」の質問と、広げる「水平方向」の質問を活用することです。

垂直方向の掘り下げの質問として、簡単なのに奥深く、効果も高いのが「●●って何?」というシンプルな質問です。たとえ

ばスイーツの新商品の開発に取り組むことになったとき、「そもそもスイーツって何?」と問うことで、問題を根本的なところから考えることができます。また、「なぜそう思う?」と質問して、自分がそう考える理由や根拠を考えるのも有益です。

思考を広げる水平方向の質問として活用してほしいのは、「ほかには?」という質問です。ひとつのアイデアに満足せず、ほかの選択肢を探すことで、思考がどんどん広がっていきます。「●個考えてみると?」とゴールを設定する質問もオススメです。

---

①思考を深める質問

スイーツの新商品を 開発したい

・そもそもスイーツって何?
・なぜスイーツが好まれるの?

---

②思考を広げる質問

・ほかには?
・●●個考えてみると?
・●●にたとえてみると?

POINT 1

あいまいな認識で止まらないためには「たとえば?」の質問が有効

　「具体的にいうと?」や「たとえば?」は、ある意見を具体的に考えたり、例を引き出したりする質問です。まだぼんやりしている言葉に対してこの質問をぶつけることで、考えが進んでいきます。

　たとえば「企画書を書くのが難しい」という言葉が出てきたとき、これだけではあいまいなので、「たとえば、どこが難しいの?」と質問してみます。すると、自分がどこでつまずいているのかがより詳細にわかり、対策を考えることができるようになるでしょう。

POINT 2

「なぜ」「どうして」の質問では過度な過去思考や自己批判に注意

　「なぜ?」「どうして?」は、ものごとの原因や理由、意見の根拠などを掘り下げるときに力を発揮します。しかし、これらの質問を通して「過去の原因」ばかり考えていると、現在の自分や未来に向けての行動を二の次にしてしまう場合があります。うまくいかない理由を自分の中に探して、自分の失敗や力不足を責めてしまうような事態も起こりがちです。「なぜ?」と聞く代わりに「原因は何?」「根拠は何?」と「何」で聞く質問を意識すると、客観的に考える助けになります。

自分への質問に**フレームワーク**を使い**思考を整理**しよう

ビジネスの現場ではさまざまなフレームワークをセルフコーチングにも利用すれば、考える糸口が見つかりやすくなります。

いくつかの枠を用意することで思考が**整理され促進される**

自分への質問には、p.36 で紹介したシンプルフレーズ以外に、フレームワークも利用できます。フレームワークとは、考えるべきことを抜け漏れなく考えるために作られた枠組みです。仕切りの入った箱の中に自分の考えを仕分けして整理していくイメージです。

たとえば、あるテーマに対して検討するとき、漠然と「このテーマについてどう思う？」と考えるのではなく、箱を2つに仕切って「ポジティブな面、ネガティブな面、それぞれどう思う？」と考える、といったやり方です。枠を置くことで、自分の考えが偏ることが防げて、考える糸口がつかみやすくなります。

強み・弱み・機会・脅威を挙げることで自社分析などを行う SWOT 分析や p.29 で紹介した KPT や 4F など、ビジネスの現場ではさまざまなフレームワークが使われています。

フレームワークにしたがって思考を整理したり、新しい視点からの思考をうながしたりすることで、ものごとを多面的に考え、新鮮なアイデアを生み出すことができます。ぜひ、いろいろなフレームワークを自分への質問に活かしてください。

 SWOT分析とは

SWOT（スウォット）分析とは、経営戦略や、事業計画の現状分析、マーケティングの意思決定などを行う際に用いられるフレームワークです。自社を取り巻く外部環境と、自社の資産やブランド力などの内部環境を、プラス要因、マイナス要因に分類して分析します。各要素は Strength（強み）、Weakness（弱み）、Opportunity（機会）、Threat（脅威）と呼ばれます。

POINT 1

思考が停滞してきたときは「対義語」の フレームワークにもち込む

　自己対話の中で「ダメだ、うまくいきそうにない……」などと落ち込んで思考が進まなくなったときにも、「ポジティブ」と「ネガティブ」のフレームワークは有効です。「ネガティブ」の対義語「ポジティブ」を無理やりもち込むことで、「こういうプラスの面もあったんだ」という気づきが生まれ、思考が前に進みます。

　ほかにも「長所」と「短所」、「理想」と「現実」など、さまざまな対義語があります。思考が停滞したときに使ってみると、突破口が見えてきます。

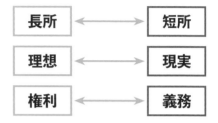

対義語フレームワーク

ポジティブ	ネガティブ
・挑戦の機会	・予算不足
・他部署と協力	・PRが難しい
・スキルアップできる	・メンバーが未熟

＜そのほかの対義語＞

長所	⟷	短所
理想	⟷	現実
権利	⟷	義務

POINT 2

クローズドクエスチョンで 立ち位置や判断を明確化

　質問には、回答の自由度が高い質問と低い質問があります。いくつかの選択肢を提示して、その中から選ばせるクローズドクエスチョンというタイプの質問は、回答の自由度が低い分、比較的答えやすいといえます。

　最も自由度が低いのは、「はい」か「いいえ」で答えられる Yes/No 型質問です。セルフコーチングでいうと、「この意見に賛成か？」「この方向性でいくか？」というように、自分の立ち位置や判断を明確化するために用いると効果的です。

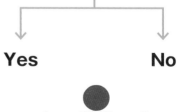

クローズドクエスチョン

この意見に賛成か？

Yes　　　　　No

39

モヤモヤを言語化して整理するコツ

14

5W1H で自分に質問し プロジェクトを**俯瞰しよう**

自分に質問するためのフレームワークのひとつとして、
基本的な要素を網羅する5W1Hがあります。

プロジェクトの目的から進め方まで
一気に整理できる汎用性の高い枠組み

汎用性の高いフレームワークとして、5W1Hがあります。セルフコーチングでも、何かのプロジェクトなどに取り組むときは、まずこのフレームワークを使って全体像を把握することをおすすめします。

最初に考えるべきは Why（なぜ）です。プロジェクトが行われる理由や、自分が取り組む目的などを自分に問います。

2番目は Who（だれ）です。ビジネスであればターゲット、協力者、競合など、関係する人たちを洗い出します。

3番目に Where（どこ）を考えます。リアルな場所だけでなく、オンラインやメ

ディアも選択肢に入るかもしれません。

4番目は When（いつ）です。「いつやるか」だけでなく、「いつまでに達成するのか」「どの程度の期間をかけるのか」まで、時間にかかわる要素をすべて自分に質問しましょう。

5番目は What（何）です。「何をするのか」「何を手に入れたいのか」など、自分が考えたい要素について整理します。

最後に、How（どのように）で進め方などを考えます。また、How much で予算、How many で量、How often で頻度などを考えることができます。

5W1H	意味	自分に質問すること
Why	なぜ	プロジェクトが行われる理由、自分が取り組む目的など。
Who	だれ	関係する人たち。ターゲット、協力者、競合など。
Where	どこ	プロジェクトが行われる場所。リアルな場所、オンライン、各種メディアなど。
When	いつ	時間にかかわる要素。「いつやるのか」「いつまでに達成するのか」「どの程度の期間をかけるのか」など。
What	何	「何をするのか」「何を手に入れたいのか」など。
How	どのように	プロジェクトの進め方、また、How much（予算）、How many（量）、How often（頻度）なども考えられる。

POINT 1

プロジェクトに着手するときは手始めに5W1Hで要素を整理

　たとえば、あなたが会社の社内報の特集企画のページを、初めて一任されたとします。そんなときは、手始めに5W1Hのフレーム　ワークを使って自分に質問し、プロジェクト全体を俯瞰しましょう。

5W1H	意味	自分に質問すること
Why	なぜ	特集企画を作る目的は何？ 私がその特集企画を一任された理由は何？
Who	だれ	特集企画のターゲットとなる読者はだれ？ 社内報の記事を作成するのはだれ？（共同作業者は？）
Where	どこ	特集企画の情報収集やインタビューはどこで行う？ 特集企画は社内報のどのセクションに掲載する？
When	いつ	締切はいつ？ それぞれの作業を行うスケジュールは？
What	何	特集企画のテーマや対象は何？ どのような情報やコンテンツを取り入れる？
How	どのように	どのように情報を収集し、それをどのように記事に反映させる？ 予算はいくら？

GROW モデルで**自分の成長を デザインしよう①**

プロジェクトの要素を把握するのではなく、自分の行動にフォーカスするフレームワークで、自分自身の成長を描き出そう。

理想の状態を思い描いて **現状とのギャップ**を見きわめる

5W1H はプロジェクト全体の俯瞰に適したフレームワークでしたが、それとはまったく違う角度からプロジェクトを見るフレームワークを紹介します。自分自身にフォーカスして、プロジェクトを成功に導くための自分の成長を描き出す、GROW モデルというフレームワークです。

GROW モデルでは、理想の未来を表す目標（Goal）を設定し、現状の現実（Reality）や資源（Resource）とのギャップを明らかにします。そのうえで、目標を達成するために取る行動の選択肢（Options）を洗い出し、意志（Will）によっ

て選択して進めていくのです。GROW モデルを使った自己対話の一般的な手順の第 1 フェーズは、目標設定です。「プロジェクトが成功したとき、どういう状態になっている？」「そのとき私は、どんな経験やスキルを手に入れている？」といった質問で、理想の状態のイメージを具体化し、さらにそれを、明確な数字などで表される目標に落とし込みます（p.46 参照）。

第 2 フェーズは、現状把握です。「現在の知識は？」「使えるリソースは？」「何が不足している？」などの質問を通して、問題と課題を「見える化」していきます。

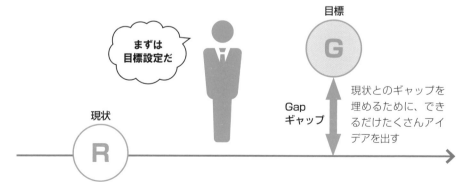

POINT 1

最初に目標が見つからなければ現状から考えはじめてOK

　一般的には、GROW モデルのフレームワークでは最初に目標設定を行うとされますが、実際のビジネスにおいては、いきなり理想の未来を思い描くのは難しいことも多いでしょう。

　そんなときは、現状把握から始めるのも手です。とりあえず見えている現在の問題点を、言語化して挙げていくのです。そのうえで、「これらの問題を解決すると、どんな未来になるかな？」と自分に問いかけましょう。それに対する回答として、理想の状態が見えてきます。

現状把握
Reality
・現在の問題点を
言語化して挙げていく

ゴールの設定
Goal
・理想の状態が見えてくる

POINT 2

GROWモデルの自己質問でめざす状態と現状をつかむ

　GROW モデルの質問例を紹介します。たとえば、社内報の特集企画のページを初めて一任されたあなたが、GROW モデルにし

たがって、「特集企画を成功させるには何が必要か」を考えはじめた場合。下記のような質問が考えられます。

フェーズ	自分への質問例
Goal	どんな状態になったら、特集企画が「成功」だといえる？ 特集企画を成功させたとき、私はどのような知識を得ている？ 特集企画を成功させたとき、ほかのスタッフとの関係はどうなっている？ 私の思い描く理想の状態は、どんな数字として表される？
Reality / Resource	現時点で、私が知らないことは何？ 現時点で、私とほかのスタッフの関係はどういう状態？ 特集企画の仕事を始めるにあたって、一番心配なことは？ 特集企画の仕事を助けてくれそうな人はだれ？

モヤモヤを言語化し
て整理するコツ

16

GROW モデルで**自分の成長を** **デザインしよう②**

理想と現実とのギャップを明確化したら、それを埋めるための行動
を決めて進んでいきます。

行動の選択肢を洗い出して **意志によって**選択する

　GROW モデルのフレームワークを使っ
た自己対話の第１フェーズ（目標設定）
と第２フェーズ（現状把握）を通して、
未来の理想と現在の現実との間のギャッ
プが明らかになりました。

　第３フェーズでは、そのギャップを埋め
るための具体的な行動を考え、選択肢を
リストアップします。まずは、「どんなこと
をやるといいかな？」「どんなことがやれ
るかな？」といった質問から始めましょう。

　ポイントは、できるだけたくさんの選択
肢を引き出すことです。この段階ではひと
まず、「現実的かどうか」「実現可能かどう

か」などの判断をはさまず、自由に多くの
アイデアを書き出してください。

　なかなかアイデアが出てこないときは、
たとえばお手本になりそうな人を思い描
いて、「●●さんならどうすると思う？」
と自分に問いかけてみるのも手です。

　そして最後の第４フェーズで、実行へ
の意志を確認します。選択肢の中から、ど
れを実行に移すか決定するのです。「これ
ならやれると思えるのは？」「まずやって
みたいのは？」「優先順位が高いのは？」
といった質問によってやるべきことを決
め、行動への第一歩を踏み出しましょう。

第１フェーズ Goal 目標設定	第２フェーズ Reality 現状分析	第３フェーズ Options 選択肢の リストアップ	第４フェーズ Will 意志の確認

アイデアが
出ない

●●さんなら
どうするだろう

POINT 1

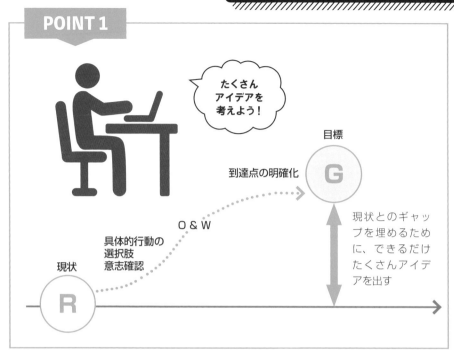

たくさん
アイデアを
考えよう！

目標

到達点の明確化

G

O & W

具体的行動の
選択肢
意志確認

現状

R

現状とのギャップを埋めるために、できるだけたくさんアイデアを出す

POINT 2

GROWモデルの自己質問で行動の選択肢を挙げて意志を確認

　p.43 の POINT 2 に続き、第3フェーズ、第4フェーズにおける質問例を紹介します。社内報の特集企画のページを初めて一任された あなたは、GROW モデルにしたがって、「どんな選択肢があるのか」「どれを選ぶか」を考えます。

フェーズ	自分への質問例
Options	どんな行動を取れば、必要な知識が身につく？ どんな行動を取れば、スタッフとの関係がよりよくなる？ この仕事に慣れている伊藤さんならどうするかな？ 過去に同じような仕事で、うまくいったことはあったっけ？
Will	どのアイデアが一番簡単にできそう？ 一番やってみたいアクションはどれ？ 確実に実行できるようにするには何が必要？ 優先順位はどうなる？

目標設定の際に
押さえておきたい「SMART」

理想のイメージは描けても、どんな目標にすればよいのか……。
そんなときに役立つフレームワークを紹介します。

５つのポイントを自分に質問して
イメージを**目標に落とし込む**

　GROW モデルの第１フェーズで、理想のイメージを具体的な数字などに落とし込んで目標を設定するとき、とても役に立つのが SMART という指標です。SMART とは、目標設定の際に押さえておくべきポイントの頭文字を並べたものです。私は Specific、Measurable、Achievable、Result-based、Time-bound の５つをよく使います（ほかの単語が使われることもあります）。

　Specific は「具体的である」。理想の未来のイメージを思い描くときに、「もっと具体的にいうと？」と自分に問いかけて、

イメージを詳細にします。

　Measurable は「測定可能である」。「その理想が実現したかどんな数字で測れる？」と質問して、数字に落とし込みます。

　Achievable は「達成可能である」。「本当にやれる？」と自分に尋ねて、なしとげられるかどうかシビアに検討しましょう。

　Result-based は「成果にもとづいている」ということで、「これをやると、どういう成果が出る？」と質問して考えます。

　Time-bound は「期限つきである」。「いつまでに達成する？」と自分に問いかけて、期限を明確にしてください。

POINT 1

SMART	意味	検証すべきこと
Specific	具体的である	目標は具体的で明確な形になっているか？
Measurable	計測可能である	目標の達成状況は、数値などによって明確に測定できるか？
Achievable	達成可能である	目標は現実的で達成可能なものになっているか？
Result-based	成果にもとづいている	目標の達成は、具体的な結果や成果につながるか？
Time-bound	期限つきである	目標の達成には、明確な期限が設定されているか？

SMARTの基準を使って「めざせる目標」を作る

社内報の特集企画のページを一任されたあなたは、理想の未来について、「いろいろなページ構成のパターンを知っており、最適な形を作るにあたって、関係者から最大限の協力を引き出すことにできる自分」というイメージを描きました。これを SMART で具体化すると、たとえば「1ヶ月以内に過去5年分の社内報に目を通し、レイアウトのパターンを表にまとめる」「1ヶ月以内に関係者それぞれと打ち合わせ、コミュニケーションをはかる」といった目標が作られます。

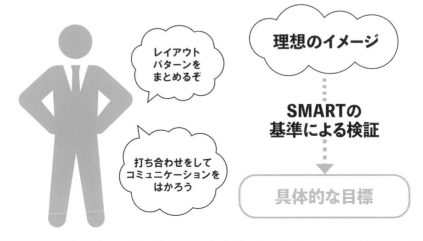

47

目標を**細かく分解し**
アクションプランを書き出そう

目標が大きいままだと、何から手をつけてよいか迷うことも。
そんなときは、小さく分解してみましょう。

KGI を複数の KPI に分けて
ひとつひとつを達成する方法を考えよう

GROW モデルの第 1 フェーズと SMART によって明確になった最終目標は、企業でいえば、KGI（Key Goal Indicator）と呼ばれる指標に相当します。KGI とは、売上・利益目標など、数字ではっきり表される大きな目標であり、日本語では重要目標達成指標などと訳されます。

しかし大きな目標だけでは、目標達成をめざす具体的な行動を見つけるのが難しいことも多々あります。また、KGI だけだと途中で達成状況を測りづらいため、計画を修正するのが困難ですし、短いスパンでの達成感を味わうこともできません。

確実に目標に向けて進めるには KPI（Key Performance Indicator）が必要になります。KPI は、KGI を内容的に、あるいは時間的に細分化した小さな目標であり、重要業績評価指標などと訳されます。最終的な目標達成に向けた、マイルストーン的な中間目標だと思ってください。

達成が困難に思える大きな目標も、細かく KPI に分解することで目先のやるべきことが見えやすくなります。ひとつひとつの KPI について「達成するには何をすればいい？」と自分に問いかけ、アクションプランが見えたら書き出していきましょう。

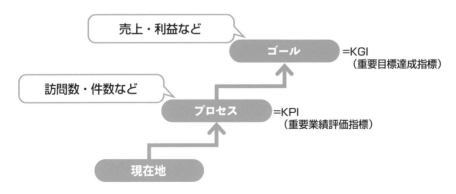

売上・利益など → ゴール ＝KGI（重要目標達成指標）

訪問数・件数など → プロセス ＝KPI（重要業績評価指標）

現在地

POINT 1

大きな目標から小さな目標へ ブレイクダウンする方法は？

　小さな目標へと切り分けるとき、２つの切り口から考えてみましょう。

　ひとつは、時間軸で区切ることです。たとえば「３ヶ月で新規顧客を30人増やす」という大きな目標に対しては、「１ヶ月後のゴールは？」「そのために１日何件のアプローチが必要？」と時間を区切ってやるべきことを考えます。

　もうひとつは、要素に分解することです。「見込み客のリストアップ」「アポイントメントを取る」などのアクションに分けて、それぞれどれくらいこなす必要があるかを考えるのです。

❶時間軸で区切る

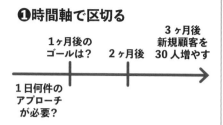

❷要素に分解する

POINT 2

アクションプランが決まったら 「自分に見せつづける」ことが大事

　やるべきことを決めても、忘れてしまっては意味がありません。忘れないための仕組みも用意しておきましょう。

　決めたことはスケジュールとして手帳に書く、いつも目につく場所に貼るなど、さまざまなやり方があります。

　たとえば、数ヶ月単位の大きな目標を立てたら、月ごとの小目標に分解して、スケジュール帳の各月の欄にアクションプランとともに書き込みます。「自分に見せつづけるためには、何に書いておくのが有効か？」を考え、実践してみましょう。

モヤモヤを言語化し
て整理するコツ

19

ビジョンボードを作り
モチベーションを持続させよう

理想の未来や目標について考えた際、めざす状態を表す写真や絵
を集めたビジョンボードを作っておきましょう。

理想の状態を「見える化」すると
落ち込んだときもパワーをもらえる

GROW モデルや SMART などのフレームワークによって、理想の未来をイメージして目標を立てたとき、ぜひやってみてほしいことがあります。それはビジョンボード作りです。

ビジョンボードとは、思い描く理想の未来に関連する写真や絵などを切り抜いて集め、コルクボードや画用紙などに貼りつけたものです。ビジョンボードを作ると、そこにあなたの理想とする状態が「見える化」されることになります。これを自室の壁など、毎日目にするところに目立つように設置しましょう。写真を撮って手帳に

貼ったり、スマートフォンの待受画面に設定したりしてもよいと思います。

ビジョンボードを作るのは、目標に向かって行動しつづけるモチベーションとエネルギーを確保するためです。

目標を立てたときにはやる気がみなぎっていても、達成までの時間の中で、どうしてもめざすものを見失ったり、モチベーションが下がったりすることがあるものです。そんなとき、ビジョンボードが目に入ると、また自分の中からやる気がわきあがってきます。ぜひ、わくわくするようなビジョンボードを作ってみてください。

ビジョンボードを作る

⬇

モチベーションと
エネルギーを
持続できる

POINT 1

理想の自分や完成に近いイメージを貼りつける

　社内報の特集企画のページを一任されたあなたは、どんなビジョンボードを作るでしょうか？

　「いろいろなページ構成のパターンを知っており、最適な形を作るにあたって、関係者から最大限の協力を引き出すことにできる自分」という理想のイメージをもとに、そんな状態をビジュアル的に表す写真などを探してもよいですが、この場合は、完成した社内報のイメージに近い雑誌のページなどをボードに貼りつけるのも、わかりやすくてよいでしょう。

イメージに近い雑誌

ページや写真を切り抜き
ボードに貼りつける

POINT 2

「こうなりたい」ではなく「今、こうなっている」と思おう

　作ったビジョンボードを活用するうえで、注意事項がひとつあります。それは、ビジョンボードを見るときに「こうなりたい」と自分に語るのではなく、「今、私はこうなっている」と語ったほうが、効果がずっと大きくなるということです。

　「こうなりたい」という思考は、「現実はこうではない」という認識と表裏一体です。逆に、「今、私はこうなっている」と語れば、「この状態を現実化しなければ」という力がはたらき、行動がうながされます。

VISION
BOARD
2023

今、私は
こうなっている

51

ビジュアル的アウトプットの コツ

文字だけではなく、イラストなどの視覚的要素を活用することで、
のびのびとセルフコーチングを進められます。

超簡単なイラスト術を身につければ 書き出しの幅が大きく広がる

セルフコーチングで、自分自身と対話しながら考えをノートなどに書き出していくとき、文字だけ、文章だけだと、どうしても考えが自由に広がりません。マインドマップ®や各種のフレームワークは、そういう意味でも役に立つわけですが、簡単なイラストなどを描くと、イメージがもっとふくらみます。イラストには、思考を感覚的に表し、具体化する効果があるのです。

うまく描こうとする必要はありません。だれに見せるわけでもありませんから、適当に描いてみればOKです。

最低限、「自分の顔」だけでも描ければ、イラスト的表現の可能性がぐっと広がります。「自分の顔」を描いたら、そのまわりにフキダシを描いて、自分の考えを書き込むだけで、自己対話がビジュアル化的にアウトプットされます。

「自分の顔」を描くときは、どちらかといえば丸顔か、角顔かなど、自分に合わせた輪郭を丸や四角で描いて、髪型やメガネなど特徴を描きます。目はただの点を入れれば、それで完成でOKです。眉毛と口も書き込むと表情が出ます。

絵を描いて眺めることは、自分やまわりの状況を俯瞰することにもつながります。

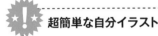

超簡単な自分イラスト

POINT 1

簡単に使いこなせる「線」を使った思考の整理

　シンプルな線の表現も、考えをササッとアウトプットするのに便利です。

　私の場合、時間やスケジュールに関係することを考えたいと思ったら、まずは用紙の幅ほぼいっぱいに、長い矢印を書きます。その矢印のうえに、過去、現在、未来など、いろいろな時点のことを書き込んでいきます。

　また、何かの言葉が書き出されているとき、その言葉をもっと掘り下げたいと思ったら、下線を引いてそこから線を引き出して書きます。ほかの単語と線でつなげたりもします。

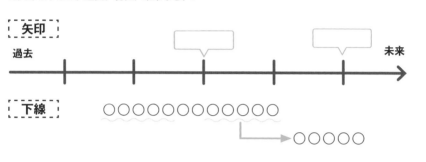

POINT 2

簡単なのに効果が高い
フローチャートと四象限マトリクス

　簡単なビジュアル化ツールはほかにもあります。フローチャートは、ものごとの流れを感覚的につかむのに最適です。四角で囲んだ言葉を、順番に矢印でつなぐだけですから、描くのはとても簡単です。

　2 つの観点からものごとを整理したいときは、とりあえず四象限マトリクスを作ってみましょう。直交する 2 つの軸を作り、それぞれの観点を書き込むだけです。たとえば「重要度」と「緊急度」の軸で 4 つの領域を作り、タスクを割り振ります。

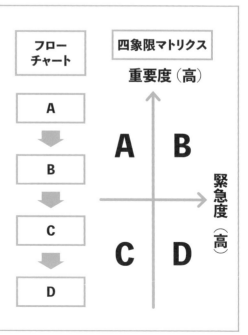

モヤモヤを言語化して整理するコツ

21

ハマりがちな**セルフトーク**に 気をつけよう

せっかくの自分との対話も、よくないループに入ると、問題解決に近づかないまま時間ばかりすぎていきます。

ネガティブなつぶやきに気づいて **ポジティブに変換する**

セルフコーチングにおける自己対話のフェーズでは自分への質問によって自分の中からさまざまな考えを引き出しますが、質問の仕方によっては考えがうまく引き出せないばかりか、ネガティブなつぶやきのループに入ってしまうことがあります。

心の中のつぶやきのことを、セルフトークといいます。ネガティブなセルフトークを続けていても、時間がすぎて気分が落ち込んでいくだけで、状況の客観的な分析はできませんし、課題の発見や問題解決、目標達成にもつながりません。

まず大事なのは、自分がネガティブなセ

ルフトークをしていたら、そんな自分に気づくことです。そして、思ってしまったことは消せませんが、言葉を意識的に操作して、ネガティブからポジティブに変換しましょう。

たとえば「どうして私はこんなに時間管理がへたなんだろう？」などと、自分のスキル不足についてつぶやきつづけていることに気づいたら、「時間管理の部分は、私ののびしろだ」と考えたうえで、「時間管理がもっとうまくなるにはどうすればいい？」と問いを変換するのです。少し形を変えるだけで建設的な問いになります。

 ネガティブなセルフトークをしないために

┌──────────┐   ┌──────────┐
│ ①ネガティブな │ →   │ ②浮かんだ   │
│ セルフトークに │   │ 言葉をプラスに │
│ 気づく   │   │ 変換する   │
└──────────┘   └──────────┘

例）
どうして私はこんなに時間管理がへたなんだろう？

時間管理がもっとうまくなるにはどうすればいい？

POINT 1

ハマりがちなパターン①
後ろ向き思考の罠

　ネガティブなセルフトークの代表例は、「なぜ?」「どうして?」という形で力不足や失敗の原因を問うもの、そして過去にフォーカスするものです（p.37参照）。

　このタイプの後ろ向き思考のセルフトークにハマっていることに気づいたときは、「どうやったらうまくいくだろう?」という形に変えましょう。すると、「よくないこと」「過去のこと」の話が、「よいこと」「未来のこと」の話に変わり、前向きに思考が進みます。

否定→肯定

よくないこと

⬇

よいこと

過去→未来

過去のこと

⬇

未来のこと

「どうやったら
うまくいく
だろう?」
とプラスに
変換する

POINT 2

ハマりがちなパターン②
他人軸の罠

　もうひとつの代表例は他人軸の言葉です。たとえば、「新人のAさんは、どうして私の指示を聞いてくれないんだろう?」といったものです。

　他人の気持ちを考えるのも大事ですが、他人に振り回されたり、他人を責めたりするモードに入ると、セルフコーチングが止まってしまいます。

　他人軸になっていることに気づいたら、「Aさんに指示を聞いてもらうには、私はどうすればいいだろう」というように、自分軸に戻しましょう。

他者→自分

Aさんはどうして私の指示を
しっかり聞いてくれないの?

Aさんに指示を聞いてもらう
ために私はどうすればいいだ
ろう?

自分軸にする!

健康管理にもセルフコーチングは使える

現代の社会人には、睡眠不足、運動不足、ストレス、肩こりや腰痛、生活習慣病など、健康に関連する悩みや困りごとを抱える人が少なくありません。

そんな悩みを軽減して元気に生活し、仕事で最高のパフォーマンスを出すために、セルフコーチングによる健康管理に取り組んでみてはいかがでしょうか。

GROW モデルのフレームワークで、現状把握から始めてみましょう。まずは、「健康について、気になることは？」「今の生活はどんな感じ？」「どんなところを改善したい？」などと自分に問いかけて、問題を明確にします。

たとえば「睡眠と運動が足りていない」とわかったら、「毎日7時間、睡眠時間を確保する」「週に2日ジムに行く」と目標を立てます。そしてそれを実現するため、一日のタイムスケジュールの案をいろいろと考え、実現可能で望ましい選択肢を選ぶのです。

COLUMM 2

CHAPTER 3

行動してふり返り改善するコツ

**行動してふり返り、
改善するコツ**

22

最初の一歩が
踏み出せないときは?

目標とアクションプランが見えていれば、あとは行動あるのみ!
……のはずですが、それが難しいときのコツを紹介します。

体の**コンディションを見直して**
小さな「**最初の一歩**」を作ろう

第3章では、目標達成のためのアクションプランの実行を中心に、行動をふり返って改善するところまでを解説していきます。PDCAサイクルでいうと、DとCとAのフェーズに相当します。

自分との対話によって目標とアクションプランを決め、いざ実行となったのに、なかなか行動への一歩が踏み出せない……そんなときにまず見直していただきたいのは、あなた自身のコンディションです。

栄養が偏っていたり、睡眠が不足していたりすると、気持ちと行動に、思いのほか大きな影響が出ます。「やらなきゃいけな

いのに、どうしても始められない」というときは、体の状態が原因かもしれません。

どうしても行動できないときは、体においしいものを食べて、できれば思いきって寝てみましょう。単純な話ですが、それだけで行動できるようになることはとても多いのです。

また、すぐに動き出せない理由は最初の行動計画が大きすぎることかもしれません。アクションを小さく分解し、「すぐにクリアできる最初の一歩」を作ることで、着手への抵抗感を減らし、なしとげたときに小さな達成感を味わうことができます。

コンディションを見直そう

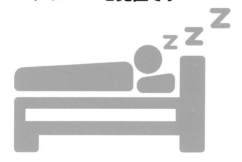

POINT 1

マインドマップ®を応用して
アクションを小さくバラす

アクションプランをさらに分解して着手しやすい「最初の一歩」を作る際には、マインドマップ®（p.35 参照）のような考え方が応用できます。

たとえば「競合他社のウェブサイト調査」に取りかかれずにいるときは、この言葉をノートのまん中に書き、作業をどう分解できるか考えます。そしてまわりに枝を伸ばして「競合他社のリストアップ」「チェックポイントのリストアップ」「実際にサイトを見る」などの小さいタスクを書き出し、最初のものから実行していくのです。

POINT 2

アファメーションの手法を使って
自信と行動力を高める

自信がなくて行動に踏み出せないときには、アファメーションという手法も有効です。

アファメーションとは、自分に向かってポジティブな言葉をくり返し語ることです。「私は●●できる」と自分の能力を宣言したり、「私は●●の状態にある」と理想の状態を宣言したりして、よいイメージをふくらませます。

ポイントは、「そうなりたい」ではなく「今、そうである」と語ることです。その点はビジョンボードと共通します（p.51 参照）。

行動してふり返り、
改善するコツ

23

行動する際の**自分のトリセツ ソーシャルスタイル理論**

自分のもつ傾向を知っておくと、目標達成に向けて行動を継続していくときの指針や注意点が見えてきます。

「自己主張」と「感情表出」の2つの軸で
特徴をとらえよう

目標達成に向けて行動するにあたり、「自分はどんなことに気をつけなければいけないか」などを知っておくことは有効です。

そんな「自分の取扱説明書」となる理論のひとつに、ソーシャルスタイル理論があります。この理論では「自己主張」(意見を出すこと)と「感情表出」(感情を出すこと)の強弱で大まかに人の特徴をとらえます。

自己主張は強いけれども感情表出は強くない人は「ドライビングタイプ」です。先に立って、ものごとをぐいぐい進めようとする傾向があります。

自己主張も感情表出も強い人は「エクス

プレッシブタイプ」です。場の中心にいて盛り上げ力は高いのですが、気分に左右されやすい面もあります。

自己主張は強くないけれども感情表出が強い人は「エミアブルタイプ」です。周囲の人への共感力が高く、その分ふり回されてしまうこともあります。

自己主張も感情表出も強くない人は「アナリティカルタイプ」です。前例にのっとって淡々とやるべきことをやっていく傾向があります。

行動のための自己理解に役立つこの理論を、これからくわしく見ていきましょう(各タイプの診断方法はp.125を参照)。

ソーシャルスタイル理論

・自己主張

・感情表出

の2軸でとらえる

私のトリセツ

POINT 1

コミュニケーションのためにも、深い自己理解のためにも

ソーシャルスタイル理論は、アメリカの産業心理学者デイヴィッド・メリルらによって、1960年代から1970年代にかけて構築されました。あくまでひとつの目安ですが、自分や相手の特徴・傾向をつかむことができれば、コミュニケーションをより円滑で生産的なものにしていくきっかけになります。

目標達成のために使えるだけでなく、自己理解を深めて社会の中での役割を考える助けにもなりますので、ぜひ活用してください。

自己主張が強い

感情が表に出やすい

で、結論は？

ドライビングタイプ

いいね!

エクスプレッシブタイプ

…特にありません

アナリティカルタイプ

すみません

エミアブルタイプ

行動してふり返り、改善するコツ

24

ソーシャルスタイル①
ドライビングタイプ

「決めたらやる」行動力あるドライビングイプ。中にはひとりで突き進み、自分ですべて解決しようとしがちな人もいます。

うまく他人を巻き込めるか
「自分と他人は違う」がカギに

ドライビングタイプは、自分の意見を通す力が強く、感情を表に出す度合いが低いタイプです。つまり、「こうしたい」「こうするべきだ」という自分の考えをしっかりと声に出せますが、自分の気持ちを表現したり、まわりの人への配慮を示したりするのは、得意でなかったり、あまり必要だと思っていなかったりする傾向があります。

ドライビングタイプは、セルフマネジメント力が高い人が多いのも特徴です。目標達成に向けて、自分で努力を続けていくことに関しては、あまり悩むことはないかもしれません。

しかし、本人ひとりががんばれば何でも達成できるわけではありません。特にビジネスの場合、協力者を得たり、チームを動かしたりすることが重要になります。

「私はドライビングタイプだな」と思う人は、行動にうまく他人を巻き込んでいくことを意識するとよいでしょう。

その際に気をつけるべきことは、「自分と他人は違う」ということです。人によって能力も、ものごとの優先順位も違います。優先順位をそろえるには、コミュニケーションしかありません。イライラしそうになったらこのことを思い出してください。

ドライビングタイプの特徴

- ・自分の考えをしっかりと声に出せる

- ・まわりへの配慮を示すのが得意ではない

- ・セルフマネジメント力が高い

で、結論は?

ドライビングタイプ

POINT 1

「やればいい」だけでは動けない人に動いてもらうための戦略も必要

　私が研修をやっていると、ドライビングタイプの方から、「やる気がどうこうじゃなくて、仕事なんだからやればいいだけなのに、どうしてみんなやらないんですかね？」という声を聞くことがよくあります。

　ある意味では「おっしゃるとおり」と思いますが、目標もアクションプランも決まっていても、気持ちのムラのせいでうまく行動できないことが、事実として人にはあります。そういう人たちをどう動かしていくか、戦略や仕組みを用意しておくことも必要です。

気持ちがのらず仕事ができない

✕ 仕事だからやればいいのに

ドライビングタイプ

○ どう動かしていくか
戦略や仕組みを用意する

POINT 2

まわりの人と自分のペースの違いを理解して「違い」から「強み」を引き出そう

　スピード感ある対応を好むドライビングタイプから見ると、ほかの人の行動が遅く見え、「やる気がないのか」と感じることもあるかもしれません。

　しかし、情報をじっくり消化して、考えてから動く人もいますし、チームワークを重視したい人もいます。それぞれのやり方にはそれぞれのよさがあり、違いはそれぞれの強みなのです。

　ほかの人の強みにも目を向けて、ペースの違いも考慮しながら相手のよさを引き出せるようになると、個人の目標達成に寄与するだけでなく、チームで成果を出す力もついてきます。

✕ やる気がないの？

ドライビングタイプ

○ ペースの違いも考慮し、
相手のよさを引き出そう

CHAPTER 3

行動してふり返り、改善するコツ

25

ソーシャルスタイル②
エクスプレッシブタイプ

「楽しくいこう!」が信条のエクスプレッシブタイプ。フットワークは軽いですが、ルーティンワークは苦手な人も。

継続するのが苦しい事柄は
工夫して「楽しいこと」に変えよう

エクスプレッシブタイプは、自分の意見も感情も、どんどん口に出して伝えるタイプです。フットワークが軽く、人を集めたり、まわりの人たちと盛り上がったり、新しいことに挑戦したりするのは得意な傾向があります。

実際に目標達成に向けて行動していくとき、エクスプレッシブタイプの人にとってポイントになるのは、継続です。

エクスプレッシブタイプの人は、同じことをくり返す、いわゆるルーティンワークが苦手な傾向があります。新しいことに対しては「面白そうだな」と興味をもって積極的に取り組むことができますが、決まった時間に決まったことを行うのはいやになってしまい、よい形で継続できないという問題が生じがちなのです。

「苦しくても継続しなければ」と根性で解決しようとしても、なかなかうまくいきません。苦手なことは、自分にとって楽しいことや楽しみなことに変えるのが、特に継続的な事柄には有効です。たとえば仲間を作って一緒に続けるとか、あるいは、その日のノルマをこなせたらカレンダーにシールを貼って「見える化」するとか、そういう工夫が効果的です。

 エクスプレッシブタイプの特徴

- 新しいことに対して興味をもち積極的
- チーム作りが得意な人が多い
- ルーティンワークが苦手

いいね!

エクスプレッシブタイプ

POINT 1

目の前のルーティンワークも 理想の未来と結びつけて語る

　ルーティンワークを楽しく継続するには、「これをやることで、どんな未来が生まれるのか」というイメージを、定期的に思い描くことも有効です。

　エクスプレッシブタイプの人は、目の前のやるべきことだけに目を向けていると、走り続けるのが苦しくなりがちです。そんなときは、目の前のタスクと、大きな目標やめざす状態とのつながりを意識しましょう。「私がこれを続けることで、こんな未来がやってくるんだよね」と、仲間と語り合える機会を定期的にもつのもよいと思います。

ものごとを継続できない…

エクスプレッシブタイプ

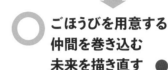

ごほうびを用意する
仲間を巻き込む
未来を描き直す

POINT 2

趣味で気分をリセットして モチベーションを取り戻す

　目標に向けて継続するのがちょっとつらくなったら、いったん目標のことは忘れて、リフレッシュできる行動を取るのも手です。そうすることで気分がリセットされて、またモチベーションが戻ってきます。じつは、私自身もエクスプレッシブタイプです。私の場合、散歩に行ったり、ジョギングをしたり、映画を見にいったりすると、よい効果があります。あなたの気分をリセットできるアクションを探して、ちょっとした時間や休みの日にやってみてください。

継続するのがつらい…

エクスプレッシブタイプ

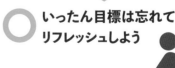

いったん目標は忘れて
リフレッシュしよう

行動してふり返り、
改善するコツ

26

ソーシャルスタイル③
エミアブルタイプ

「これでいい?」まわりが気になるエミアブルタイプ。共感力と協調性が高い気配り上手ですが、その分、人にふり回されて悩むことも。

小さな**成功体験を積んで**
選択と行動への**自信を高めよう**

エミアブルタイプは、自分の意見はあまり押し出さないけれども、いつもニコニコ柔らかい感情を表に出せるタイプです。他人とのかかわりを大事にし、「この人はどう思うかな?」と気を遣う傾向があります。それが行きすぎると、他人からの視線や評価が気になりすぎて動けないということにもなります。

そんなエミアブルタイプの人が目標達成に向けて行動していくにあたっては、小さな成功体験を積みあげることが大切です。まずは自分で自分を認めてあげましょう。普通は成果としてクローズアップされ

ないような、本当にちょっとしたことでも、成功体験として意識してみてください。

共感力と協調性が高いので、人の話を聞いて癒したり、困っている人をサポートしたりすることがあると思います。それも誰かのためになる、自分の行動の成果です。自分の行動に自信がつけば、より大きな選択と行動が可能になっていきます。

また、自分の気持ちのメンテナンスの方法をきちんともっておくことも大切です。話を聞いてくれる相談相手をもつことや、自分が気を使わず楽しめる自分のための時間をもつことも意識してみましょう。

エミアブルタイプの特徴

・自分の意見はあまり押し出さない

・他人とのかかわりを大事にする

・他人からの視線や評価が
気になりすぎて動けないことも

すみません

エミアブルタイプ

POINT 1

ビジネスと関係ないところでも 「自分で決める練習」を

おいしい！

　小さな成功体験は、ビジネスでの目標とは関係のないことから始めてもよいでしょう。

　たとえば、ランチでお店に入ったときに、いつもとは違うメニューを注文してみるとか、休日に行ったことのない場所へ遊びに行ってみるとか、そういう小さなチャレンジを通して、「自分で決める練習」をしてみてください。自分で選択した結果、「行動してよかった」と思えた体験が重なっていけば、自分の選択と行動に自信をもつことができます。

POINT 2

アサーションのスキルを使って 相手を傷つけずに自己主張

　エミアブルタイプの人は、目標達成に向けて自分の意見を通すこともできるように、アサーションの技術を知っておくのもよいかもしれません。自分の意見を主張せずに相手に合わせるのでも、自分の意見を相手に押しつけるのでもなく、相手を尊重しながら自分の意見をしっかり伝えるコミュニケーションを、アサーティブ（主張的）なコミュニケーションといいます。それをうまくできるようにするのがアサーションで、コミュニケーションスキルとして注目されています。

自己主張の パターン	表現例（無理な依頼をされた場合）
ノン・ アサーティブ （非主張的）	「はい、わかりました」
アグレッシブ （攻撃的）	「別の仕事があるから無理ですよ！　なぜあなたがやらないんですか？」
アサーティブ （主張的）	「今日は別の急ぎの仕事がありますが、明日からの着手でも大丈夫ですか？」

CHAPTER 1
CHAPTER 2
CHAPTER 3
CHAPTER 4
CHAPTER 5

行動してふり返り、
改善するコツ

27

ソーシャルスタイル④
アナリティカルタイプ

「いつも通り」が得意なアナリティカルタイプ。新しいアイデアを
意識的に仕入れることで発想を広げよう。

「しっかり話す」と「しっかり聞く」で
新しいアイデアも手に入れよう

アナリティカルタイプは、あまり自分の意見を通そうとせず、感情を表に出すことも控えがちなタイプです。

ドライビングタイプと同じように、決まったことは計画どおりにしっかりと進められる人が多い印象です。また、ものごとを論理的に考え、注意力も高いので、その強みを活かして問題を解決していけば、目標達成に近づいていけます。

課題となりやすいのは、やはりドライビングタイプと同様、チームとしての目標達成が必要な場合に、いかに協調しながらまわりの力を引き出すか、という点です。

もし、まわりが思ったように動いてくれないときなどは、「しっかり話す」ことを心がけましょう。雑談や仕事に関する意見交換など、普段の対話の機会を意識して増やすことが、関係を深めることにもつながります。

また、対話の量を増やすことで、仲間から得られるものもあるはずです。アナリティカルタイプは既定路線でものごとを進めるのは得意ですが、新しいことを取り入れるのは苦手な傾向があります。タイプの違う人の話や自分の専門外の話を「しっかり聞く」ことで、「なるほど、こうも考えられるのか」と、新しいアイデアを吸収し、思考の幅を広げていきましょう。

アナリティカルタイプの特徴

・決まったことを計画どおりにしっかり進められる

・ものごとを論理的に考え、注意力も高い

・いかにまわりの力を引き出すかが課題

…特にありません

アナリティカルタイプ

POINT 1

仲間の話を「しっかり聞く」ために 知っておきたい傾聴の技術

　反応が薄くなりがちなアナリティカルタイプの人には、傾聴の技術を知るのも有効かもしれません。傾聴とは、相手の話を注意深く聞き、気持ちや考えを理解しようとするコミュニケーションの仕方です。

　傾聴の際は、まずは善悪や好き嫌いの判断を入れず、肯定的な関心をもって、うなずいたり相槌を打ったりします。相手の気持ちに寄り添いながら自分の言葉でいい換えるのも有効ですが、相手の話をさえぎるのは NG です。ただし、話がわかりにくいときはその旨を伝え真意を確認します。

POINT 2

新しいアイデアの吸収のために 読書法にも大人のひと工夫を

　新しいアイデアや知識を手に入れる手段はいろいろありますが、そこでも「話す・聞く」を意識してみましょう。たとえば、書籍を読んで情報収集する場合。1 人で読むだけでなく、他人との対話をプラスすることで、新しい視点が増え、理解の幅も広がります。新しい本を読んだら、他の人にもその内容を共有し、意見を聞く機会を作ったり、みんなで本を読む「読書会」に参加してみたりするなど、読書法にもひと工夫してみてください。読んだ内容をまとめ、ブログなどで発信するのも有効です。

行動してふり返り、
改善するコツ

28

記録をつけて行動を「見える化」しよう

行動の記録をつけると、達成感を味わい、自分の変化や成長を実感できて、継続の助けになります。

デジタルでもアナログでも進捗確認や分析にも使える

目標達成に向けて行動していくときに、みなさんにぜひやっていただきたいのは、行動の記録をつけるということです。

記録とは、自分の行動の「見える化」です。行動の記録が蓄積されていくと、「これだけがんばってきた」と達成感を味わうことができます。自分の変化や成長も実感しやすくなり、行動を継続する強力なモチベーションが得られます。

また、目標に向けて進捗を把握したり、目標とのギャップを明確化したり、自分の行動パターンや傾向を分析したりすることにも使えます。

記録のためのツールは、デジタルでもアナログでも OK です。見た目でわかることなら写真を撮って画像で残す方法もありますし、各種のアプリも行動の記録として使えます。

汎用性が高いのは、手帳に書く方法です。一日の最初に、その日やることや意識することなどを書き出して、夕方や夜、ふり返ってチェックマークやコメントを入れる習慣をつけるとよいでしょう。

また、考え方の変化など、自分の内面も含めたセルフコーチングであれば、日記帳などに文章で書くのもよいと思います。

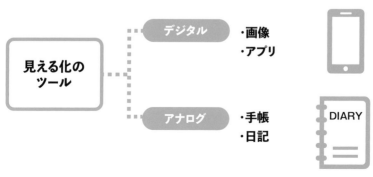

POINT 1

シンプルな継続や数の記録は
つけるのも見るのもハードル低く

　記録のつけ方は、目的や目標によっても個人の好みによっても違いますので、「正解」はありませんが、「続けること」や「数をこなすこと」自体に大きな意味があるタスクの場合、ストレスなく記録をつけられて、ノーアクションで見ることができるようにするとよいでしょう。たとえば「毎朝、5時半に起きてウォーキング」という習慣をつけたい場合、実行できた日はリビングのカレンダーに印をつけます。これなら記録の手間は最小限で、いつでも成果が目に入ります。

朝5時に
ウォーキング

カレンダーに印をつける

POINT 2

目標から一日のタスクへ下ろしてきて
行動の記録をつける1ヶ月ノート術

　本書スタッフのKさんは、月の初めに新しいノートを出して、その月の記録はすべてそこに書いています。最初のページはカレンダーにして、次の見開きには、大きな目標を意識しながら「今月やること」を書き出します。そして毎日、仕事を始めるときに、「今月やること」のページと見くらべながらその日のタスクを書き出して、仕事を進めながら、完了したタスクにはチェックを入れるのです。打ち合わせのメモや読書記録なども、同じノートに書き込んでいるということです。

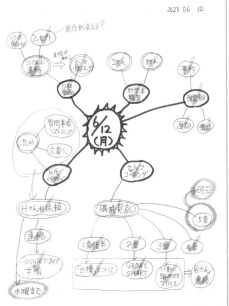

行動してふり返り、
改善するコツ

29

行動をふり返って評価しよう

PDCAサイクルのCのフェーズでは、事実ベースの客観的な
フィードバックを得ることが必要です。

目標に向かう道筋からズレていないか
有益なフィードバックを得るには

目標達成のためには、行動したら「やりっぱなし」ではなく、その行動をふり返って、よかったところや悪かったところを評価することが必要です。PDCA サイクルでいう C（評価・検証）のフェーズです。

ふり返りの際のキーワードは、フィードバックです。フィードバックとはもともと軍事用語で、たとえば大砲の着弾点が横にズレたとしたら、そのズレの情報を撃った人に戻すというような意味です。セルフコーチングでは、「行動の結果が目標の方向に向かっているか」「目標達成に向けて必要な分だけ進んでいるか」といった

フィードバックを自分で手に入れる必要があります。フィードバックで重要なのは、事実ベースの客観性です。思い込みのせいで評価が甘すぎたり厳しすぎたりすると、適切な修正を行えなくなります。

自分で自分を評価する際、客観性の確保がなかなか難しいこともあります。大事なのは、数字ベースで考えることです。パフォーマンス的な行動なら、録音や録画などを利用してふり返るのもよいでしょう。

また、信頼できる人に話して、その人からフィードバックをもらえるようにリクエストするのもオススメです。

! フィードバックのもともとの考え方

着弾点

目標

目標と着弾点のズレの情報を
撃った人に戻す

ズレ

大砲

POINT 1

どんなフィードバックがほしいか具体的に相手に伝えよう

　ほかの人からフィードバックを受けるときのポイントのひとつは、「どんなフィードバックを受けたいのか」を、具体的に相手に伝えることです。

　たとえば、方向性を確認するための試作デザインを作った段階で、上司から「完成度が低すぎる」と細部の指摘ばかり受けるのでは、お互いにとって有益な時間にはなりません。ほしいフィードバックをもらうには、「文字と写真の大まかな配置と、色の方向性だけ見てアドバイスをください」などといってから見せるとよいでしょう。

❶ツールでフィードバック

↓

どういうズレがあるか自問自答する

❷他者の力を借りる

○○について教えてください

POINT 2

他人の視点をいったん受け止めてどう活かすかは自分で決める

　人からフィードバックをもらうときのもうひとつのポイントは、「すべてのフィードバックを受け入れる必要はない」ということです。

　他人からのフィードバックがすべて正しいというわけではありませんし、正しいとしても、その時点のあなたが修正するのは得策ではなかったり、無理だったりすることもあります。

　他人の視点からのフィードバックを、いったんすべて「受け止め」たうえで、「受け入れる」かどうかはあなた自身が選択すればよいのです。

人からのフィードバック

一度受け止める　　**横に置く**

取り入れる

外からはこのように見られていることを意識しておく

行動してふり返り、
改善するコツ

30

目標につなげる改善のコツ

PDCAサイクルのAのフェーズでは、改善案を考えて、目標への
進み方を修正します。

「量」と「質」の観点から
目標への進み方を見直そう

　行動をふり返って評価したら、目標達成に向けた改善案を作ります。PDCA サイクルでいう A（改善）のフェーズです。思うように成果があがらなかったり、「このままで大丈夫かな」と思ったりしたときは、行動や考え方を修正していきましょう。

　改善案を考えるときに有効な観点のひとつは「量」です。たとえば、いろいろな業務の中の業務 A について、「毎日業務 A に使っている時間は 2 ～ 3 時間だけど、この量でいいのか？」と自問してみましょう。不十分なところを増やすだけではなく、「今の量は本当に必要だろうか」「もう少し

減らして、リソースをほかのことに当ててはどうか」と考えてみることも重要です。

　そしてもうひとつの観点は「質」です。成果物の質や仕事の質を上げられないかどうか検討します。たとえば勉強して知識を手に入れたり、研修を受けてスキルを身につけたりすると、同じ時間・労働量でも質を高めることができるようになります。一番スマートなのは、労力を増やすことなく、仕組みを改善して「量」を最適化し、「質」を高めることでしょう。つねに「もっとよい仕組みができないか？」と自分に質問して考えてみてください。

目標達成に向けた改善案を作る

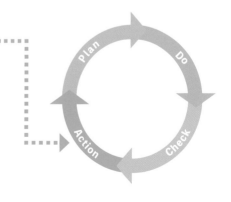

量
・この量でいいのか？　・リソースは？

質
・仕事の質を上げるには？
・知識やスキルを磨くには？

POINT 1

有限なリソースを配分する
最適なバランスを模索しつづけよう

　人のもつリソースは有限です。たとえば勤務時間が朝9時から夕方5時までであれば、その決まった時間をどう使うか、つねに最適な配分を模索しつづけることで目標達成が近づきます。

　たとえば営業職で、「毎日新規顧客20件訪問」という活動を続けていたとします。求める成果につながっていないときは、「今まで新規顧客に注力していた時間を減らして、既存顧客に対する再訪問に変更してみる」といった再検討を行うなど、行動のバランスを修正することも検討してみましょう。

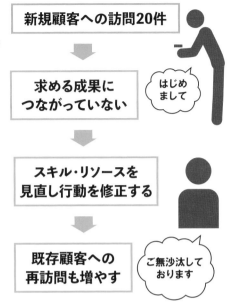

POINT 2

「経験学習サイクル」を意識して
深い学びを得ながら前に進もう

　PDCAサイクルと共通点のあるフレームワークに、組織行動学者のデイヴィッド・A・コルブが考案した「経験学習サイクル」があります。「経験したことをふり返って考え、そこから有益な概念を抽出し、次の実践に活かす」というサイクルです。自分の行動をふり返るには、内省のための質問と思考の整理が重要です。うまくいったこと、改善すべきこと、次回に向けた工夫や誰にサポートしてもらうべきかなど、さまざまな質問を活用し、経験からの学習を深めましょう。

お金の心配にもセルフコーチング

なかなか増えない貯金、年々上がっていく家賃や生活費、借金の返済が不安……お金に関する現代人の悩みはいろいろあります。そして、お金の話はなかなか他人には具体的に相談できないものです。

そんなお金にまつわる心配ごとに向き合う際も、セルフコーチングは非常に有効なツールになります。

たとえば、住宅の購入、子どもの教育費の積み立て、退職後の資金の確保といった長期目標と、借金の返済や毎月の貯金といった短期目標を設定して、戦略的に行動していくことができます。具体的に自分の支出パターンを見直して、無駄な出費を削減することにも有効です。また、自分の金銭感覚や価値観を掘り下げて、望ましい形に変化させていける可能性もあります。

お金について気がかりなことがある人は、まずは少しでも時間を取って、不安に感じていることや、現状のお金の出入りを書き出すところから始めてみてください。

COLUMM 3

CHAPTER 4

セルフコーチングの
テーマ別
ケーススタディ

CHAPTER 4

**セルフコーチングの
テーマ別ケーススタディ**

31

セルフコーチングで問題解決

困ったことや気になることがあって、自分で解決をめざして進んでいくとき、セルフコーチングの出番です。

あらゆる問題解決の第一歩
緊急度と重要度を見きわめる

第4章では、さまざまな分野やテーマでどのようにセルフコーチングを進めるかという事例を紹介していきます。それぞれの事例は、目標達成をめざすものであると同時に、問題解決のプロセスでもあります。そこでまず、「問題解決」を始める際に押さえておきたい基本の考え方を整理しておきます。困ったことが起こったときや、気になることがあるとき、まずすべきことは、その問題の緊急度と重要度の見きわめです。「緊急度も重要度も低い問題」だとわかった場合は、「そもそも、取り組む必要はあるのかな？」と検討しましょう。「緊急度

は高いけれど重要度は低い問題」の場合は、対処したうえで「この問題が今後起きないようにするにはどうすべきか」を考えます。「緊急度も重要度も高い問題」だとわかった場合、早速やるべきことを書き出して、大事なこととできることから手をつけていきましょう。とにかく早くクリアしなければいけません。

「緊急度は低いけれど重要度が高い問題」だった場合、GROWモデルやバックキャスティングの手法を使いましょう。バックキャスティングは特に実現が難しい問題に取り組む際に活用します。

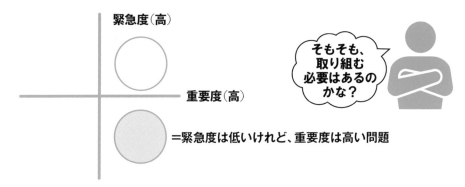

緊急度（高）

重要度（高）

そもそも、取り組む必要はあるのかな？

＝緊急度は低いけれど、重要度は高い問題

POINT 1

高すぎ？　と思える理想を設定して 未来から考えるバックキャスティング

　バックキャスティングとは、ある程度遠い未来に高い理想を設定し、「それを実現するには何が必要か？」ということを、現在にさかのぼる形で洗い出す思考方法です。

　現在から未来に向けて予想・計画する考え方（フォアキャスティング）は、どうしても現状の常識や固定観念に縛られがちです。そこであえて「今のままではとうてい実現できないほど高い理想」を未来に置き、そちらを基準に考えることで、革新的な解決策を探るのがバックキャスティングです。

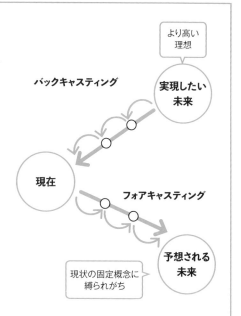

POINT 2

バックキャスティング思考と GROWモデル

　バックキャスティング思考で「緊急度は低いけれど重要度が高い問題」を考えるには、GROWモデルのフレームワークを活用しましょう。GROWモデル自体はどの要素から考えてもよいですが、バックキャスティング思考を自分にうながす場合はあえて理想の状況「ゴール」から考えることを意識してみましょう。その際「これは私には無理かも……」と思う、一見「高すぎる」目標を考え、そこから「もしこれが実現するとしたらどんな条件が必要だろう？」と逆算してみるのがポイントです。

スキルアップのための
セルフコーチング

**セルフコーチングの
テーマ別ケーススタディ**

32

サポートしてくれていた大先輩の早期退職を知った田中さんは、自分のスキル不足を意識し始めます。

CASE	**悩み**	**先輩の退職で仕事への不安に襲われている**

▶ ピンチをチャンスに変えるため経理スキルの向上をめざす

PROFILE
田中健太さん(仮名)
中小企業　経理部
28歳

　田中健太さんは、ある中小企業の経理部に在籍している28歳の若手社員です。彼はスキルを磨くことを特に意識せずに働いてきましたが、経験豊富な大先輩のサポートもあり、不足は感じていませんでした。

　しかし、その大先輩が来春早期退職することがわかりました。不安な気持ちに襲われた田中さんはセルフコーチングの方法を勉強し、自分と対話を始めてみることにしました。田中さんはまず自分自身に、「なぜこの状況が心配なのか?」と問いかけました。そしてよく考えた結果、自分のスキル不足が会社に悪影響を与え、評価が下が

ることを恐れていることに気づきました。

　さらに田中さんは、「恐れている事態が起こらないとしたら、未来の状況はどうなっているだろう?」「先輩が退職したあとの経理部で、僕がどんな存在になっていたら、理想の未来だといえるだろう?」といった質問を、自分に投げかけていきました。そして、次のような気づきに至ったのです。

　「これはじつは成長のチャンスだ。もっとデキる経理になって、穴を埋める以上の働きをすれば、僕の評価も上がるはず!」

　スキルアップへの挑戦が始まります。

POINT 1

変化しつづけるビジネス環境の中で 生き残るために不可欠なスキルアップ

　現代のビジネス環境は急速に変化しています。絶えず新しい技術が導入され、市場のニーズも変動している中で、自分のスキルを把握してアップデートしつづけなければ、もしかしたら仕事を失ってしまうかもしれません。スキルが向上すると、同僚や同業者の中での競争力が上がります。新しい仕事やポジションに挑戦する機会も増え、自信をもって自分のキャリアを歩むことができます。セルフコーチングを通して、スキル向上に取り組みましょう。

POINT 2

自分のスキルを確認しよう！ スキルアップの4段階

　スキルの取得には4つの段階があるという理論があります。第1段階は「無意識的無能」。スキルがなく、そのことを意識すらしていない状態です。第2段階が「意識的無能」、やらなければならないのはわかっているけれどできない状態です。第3段階は「意識的有能」、気をつけていればできる状態です。そして第4段階は「無意識的有能」、自然にできる状態です。自分のスキルの段階を意識して、より上をめざしましょう。

CASE 経理スキルの向上をめざす田中さんは、日商簿記2級の商業簿記の試験に挑戦することを決意しました。

「一目置かれる存在」になるために
あえて高いハードルに挑む

　田中さんはGROWモデルにしたがって、理想の未来を思い描きました。それは「先輩が退職した後の経理部で、経理のプロとして、みんなから一目置かれる存在になっている」という状態でした。さらにそこからSMARTの基準を考慮して、「6ヶ月後には、日商簿記2級の商業簿記の試験に合格している」という目標を設定しました。

　明確な目標ですが、簿記2級の合格率は低く、田中さんにとってはちょっと高めのハードルです。これを達成するために田中さんは、毎日の業務終了後に簿記の勉強をし、週末には専門学校の講座を受ける、

といった計画を立てました。

　「みんなから一目置かれる」イメージは、ややお調子者の田中さんにぴったりでした。まわりの人に資格取得を宣言し、実行の過程で怠け心が出たときも、仲間と話すことでやる気を取り戻せました。繁忙期には勉強時間の確保が大変でしたが、通勤時間や昼休みなどのスキマ時間を活用し、遅れを最小限に抑えました。

　6ヶ月後、彼は見事に試験に合格し、日商簿記2級の商業簿記の資格を手にします。同僚から驚きとともにねぎらいを受けた田中さんは、試験勉強を通して伸ばしたスキルを、日々の業務で発揮しています。

田中さんが行ったセルフコーチング

問題・悩み

先輩が来春早期退職することがわかり不安な気持ちに襲われた

自分への問い
「なぜ？」と掘り下げる質問

GROWモデル

目標設定
6ヶ月後に日商簿記2級の商業簿記の試験に合格したい

目標通り6ヶ月後に資格取得！

田中さんの GROWモデルワークシート

理想とする未来

あなたの理想的な未来＝ありたい姿、手に入れたいもの・こと（Goal）

・みんなから一目置かれる存在。
・６ヶ月後に日商簿記２級の商業簿記の試験に合格。

G

実現のための選択肢と意志（Options&Will）

・毎日の業務終了後に簿記の勉強。
・週末には専門学校の講座を受ける。
・先輩が退職するまでアドバイスをお願いする。

ギャップ

R
現状

時間

理想的な状態に対する現状（Reality）

・先輩がいないと手間取る業務もいくつかある。
・基礎的な部分はある程度把握している。
・詳細は不明なところが多い。

使える資源（Resource）

・経理部の先輩のアドバイス。
・日商簿記２級の教材や問題集。

POINT 1

スキルアップには終わりがないからこそ明確な「とりあえずのゴール」を

スキルが身についたかどうかは、目で見てすぐにわかることではありません。そして、どんなにスキルを積んでも「これで完璧」という最終的な終わりはないのだと思います。

だからこそ大事なのは、「とりあえずのゴール」を設定することです。ひとつには、資格や修了証などのわかりやすい目印が有効です。もうひとつは「そのスキルを身につけて何をしたいのか」を考えて、「どういう状態になったらスキルが身についたといえるのか」を明確にしておくことです。

どんなにスキルを積んでも最終的な終わりはない

とりあえずのゴールを設定することが大事

セルフコーチングの
テーマ別ケーススタディ

33

キャリアアップのための
セルフコーチング

同級生の昇進の話などが気になり始めた小倉さんは、セルフコーチングで「モヤモヤの正体」を探ってみます。

CASE	悩み	**将来の方向性が見えなくて焦っている**

▶ 眠っていた思いに気づき、昇進とリーダーシップの発揮をめざす

PROFILE
小倉ひかるさん(仮名)
地方銀行　営業部門
32 歳

　小倉ひかるさんは、地方銀行の営業部門に勤務する 32 歳の女性です。同僚との関係は良好ですが、やや自信がなく、最近はモヤモヤと不安を抱えています。別の会社に勤める同級生の昇進の話などを聞いて、自分だけが取り残されているように感じるのです。そんなとき、セルフコーチングのアプローチに出会い、興味をもちました。

　彼女は自分自身と深く向き合うことから始めます。「どういうことが気になる？」と自分に問いかけて、じっくり考えてみたところ、「よそで働いてる子は、昇進したりしてるよね」「私は最近、ちゃんと成長

しているのかな？」「私はこのあと、どういうポジションになっていくんだろう」といった言葉が出てきました。

　これらの言葉を取り上げて掘り下げてみた結果、小倉さんが見つけた問題は、「キャリアの方向性が見えないこと」でした。小倉さんは、「この問題を解決するためにどうしたい？」と自分に質問します。すると、それまで意識していなかった、「昇進してリーダーシップを取りたい」という答えにたどり着いたのです。自分との対話を重ねることで、心の奥底に眠っていたキャリアアップへの思いが明らかになりました。

POINT 1

自分にとってキャリアアップとは何か 何をめざすのかを意識しよう

　ひと口に「キャリアアップ」といっても、非常に幅広い概念です。スキルを上げることも、ポジションを上げることも、自分自身の市場価値を上げていくことも含まれます。「キャリアアップしたい」と思う人は、まず自分がやろうとしていることは何なのか、意識することが大事です。キャリアについての考え方を整理したキャリア理論はいくつも存在します。そういったものも参考にしながらセルフコーチングを行い、自分のキャリアをデザインしていきましょう。

キャリアアップ

・スキルを上げる
・ポジションを上げる
・自分の市場価格を上げる

いろいろな
理論が
参考になる

POINT 2

自分にとってはずせない「錨」 「キャリア・アンカー」を知ろう

　キャリア理論のひとつに、組織心理学者のエドガー・シャインが考案した「キャリア・アンカー」があります。「アンカー」とは船の錨のことです。船が停泊するときに下ろす錨のように、自分にとってはずせない重要な価値観があるものです。あなたにとってのそんな価値観は、右の8つの中のどれでしょうか？　これを知っておくと、キャリアを考える際の軸になります。

　このケースの小倉さんの場合、キャリア・アンカーは「管理能力」ではないかと考えられます。

キャリア・アンカーの
8つの価値観

❶管理能力
❷技術的・機能的能力
❸安全・安定
❹起業家的創造性
❺自律・独立
❻奉仕・社会貢献
❼純粋な挑戦
❽ライフスタイル

マネジャーへの昇格を目標に設定した小倉さんは、理想の自分のイメージを力にして前進していきます。

キャリアアップの希望を宣言し
普段の行動から変えていく

小倉さんは、SMART な目標設定へと進み、「3 年後までに、マネジャーのポジションに昇進する」という具体的な目標を立てました。自分がマネジャーのポジションに就いて業務に取り組む姿をイメージすると、より広い範囲で能力を発揮できるチャンスを得た喜びや、成長の達成感が心の中にわきあがってきました。そのイメージが、彼女の行動を後押しする力となりました。

小倉さんは、信頼できる同僚や上司に「キャリアアップを希望している」と普段から話し、任せてもらえそうな案件があっ

たら積極的にリーダーに名のりをあげていきました。また、先輩の中からメンターとなってくれる人を見つけ、ことあるごとにフィードバックをもらいました。リーダーシップや組織運営に関する書籍を読んだり、セミナーを調べて積極的に参加したりといった努力も続けました。

3 年の間には、準備してきた企画が中止となって挫折感を味わうこともありましたが、周囲の理解と協力も得られ、望んでいた昇進をついに果たしました。マネジャーとなった彼女は、いつの間にか自信を手に入れている自分に気づいたのでした。

小倉さんが行ったセルフコーチング

```
問題・悩み
キャリアについて
モヤモヤしている
```

→

```
自分への問い
どういうことが気になる？
    ↓
キャリア・アンカー
SMART
    ↓
目標設定
3 年後までに、マネジャーの
ポジションに昇進する
```

→

マネジャーに
なって、自信が
ついた！

POINT 1

自分を環境に対応させて生き残る「キャリアサバイバル」

キャリア・アンカーの考え方は重要ですが、「自分はこうしたいんだ」という思いだけでは市場の中で価値を生めるとは限りません。生き残るためには、「私のまわりはどういう状態なのか」「私が求められているものは何か」といったことを把握し、自分を環境に対応させていく必要があります。

その考え方を「キャリアサバイバル」といい、シャインによって提唱されました。右の6つのステップに沿って考えることで、自分のキャリアをマネジメントしていきます。

6つのステップ

❶現在の職務と役割の棚卸し

❷環境の変化の識別

❸環境の変化が利害関係者の期待に与える影響を評価

❹職務と役割に対する影響の確認

❺職務要件の見直し

❻プランニング・エクササイズの輪を広げる

POINT 2

自分の考えも状況も変わる 定期的なセルフコーチングを続けよう

キャリアアップを考えるセルフコーチングは、定期的に行うことが重要です。たとえば、リクルートが社内で開発した「will・can・must」というフレームワークを使って、年に一度自分の状態をふり返ってみましょう。「will：自分は何をしたいのか、めざしたい状況は？」「can：自分は何ができるのか、できるようになりたいのか」「must：そのために何をすべきか、まわりから期待されていることは何か」など、3つの観点で定期的に考えることで、自分とまわりの変化をつかめるようになります。

3つの観点

will	自分は何をしたいのか、めざしたい状況は？
can	自分は何ができるのか、できるようになりたいのか。
must	そのために何をすべきか、まわりから期待されていることは何か。

セルフコーチングの テーマ別ケーススタディ

34

リモートワークのための セルフコーチング

自宅で仕事をしている杉浦さんは、効率が下がっていることに悩み、 問題解決のためにセルフコーチングを始めます。

CASE | 悩み | 仕事の効率が 落ちてしまっている

▶ 自分との対話で問題を特定し、 優先順位をつけて対処する

PROFILE
杉浦純一さん(仮名)
IT企業
システムエンジニア
29歳

システムエンジニアの杉浦純一さんは、コロナ禍でほぼ完全にリモートワークになり、家で仕事をしていますが、オフィスに通勤していた頃とくらべて、仕事の効率が落ちてしまったことに悩んでいました。

杉浦さんはこの問題を解決するために、セルフコーチングの手法を利用しました。まず、彼は「効率が下がった理由は?」と自問しました。

それに対する回答は、「自宅の環境が仕事に適していない」「家族がいて集中できない」「同僚や上司とのコミュニケーションが不足している」「集中力とモチベーショ

ンの維持が難しい」の4つでした。杉浦さんは、「自宅の環境整備」「家族の理解を得る」「同僚や上司とのコミュニケーション促進」「集中力・モチベーションを維持する仕組み作り」という4つの課題それぞれに対策を打っていきます。

自宅の環境整備としては、自室を仕事に特化する形で模様替えしました。また、PCのインターネット通信環境を改善するため、有線LANを引きました。

また、家族と話す時間を取って、仕事中は集中させてもらいたいと伝え、家事や子供の世話の分担もあらためて決めました。

POINT 1

リモートワークには
メリットと課題の両面がある

　リモートワークとは、情報通信技術を活用してオフィス外で仕事をする新しい働き方です。日本でも2019年からの「働き方改革」の一環として導入が進み、新型コロナウイルスの感染拡大によって普及しました。

　多様な働き方が可能になり、通勤ストレスやオフィスコストの削減、ワークライフバランスの改善など、さまざまなメリットがあります。しかし、機材やシステムの導入コスト、機材勤怠管理の難しさ、セキュリティ対策などの課題も指摘されています。

メリット

・通勤ストレスがない
・オフィスコストの削減
・ワークライフバランスの改善

課題

・機材やシステムの導入コスト
・機材勤怠管理の難しさ
・セキュリティ対策

POINT 2

課題が複数あるときは優先順位を考え
すぐに効果が出るものから着手

　課題が複数ある場合、取り組む優先順位を考える必要があります。緊急度と重要度の話（p.78参照）にも通じますが、「手をつけるとすぐに効果が出るものから改善する」という考え方が有効なことが多いです。

　杉浦さんのケースでは、最初にできることは自宅の環境整備で、その次は、家族と話して理解を得ることでした。「同僚や上司とのコミュニケーション促進」と「集中力・モチベーションを維持する仕組み作り」には、じっくり取り組んでいくことになります。

手をつけるとすぐに効果が出るもの

自宅の環境整備
家族と話して理解を得る

同僚や上司とのコミュニケーション促進

集中力・モチベーションを維持する仕組み作り

じっくり取り組むこと

CASE 仕事仲間とのコミュニケーションの促進とやる気の維持のため、杉浦さんはアクションを考案します。

「オフィスと同じ水準」を目標として
具体的なルールや仕組みを作る

すぐに手を打てる問題に手を打った杉浦さんは、「同僚や上司とのコミュニケーション促進」と「集中力・モチベーションを維持する仕組み作り」の2つの課題には、腰を据えて取り組んでいきました。どちらも、「オフィスで働いていたときと同じ水準が、リモートでも実現されている状態」を目標としました。

杉浦さんは、直接かかわる上司や同僚とは、週に最低1回、単なる報告以外の連絡を取り、仕事の状況や気になっていることなどをチャットで意見交換することにしました。また、連絡を取ったツールと回数を毎日記録し、終業時にふり返って「適切な回数だったか」「不足はないか」を反省するという個人的なルールも作りました。

集中力とモチベーションの維持については、杉浦さんはポモドーロテクニックを導入しました。25分間の集中作業と5分間の休憩をセットにすることで、生産性を高める手法です。また、成果が出るごとに「自分へのごほうび」を与える自己報酬システムも有用でした。

これらの取り組みを通じて、杉浦さんはリモートワークの生産性を向上させることに成功したのです。

杉浦さんが行ったセルフコーチング

問題・悩み

リモートワークで仕事の効率が落ちている……

自分への問い

効率が下がった理由は？

目標設定

オフィスで働いていたときと同じ水準が、リモートでも実現されている状態

ポモドーロテクニック

自己報酬システム

リモートワークの生産性が向上！

POINT 1

リモートワークのモチベーション維持に自己報酬システムが使える

自己報酬システムとは自分自身の働きを評価して「自分へのごほうび」を与えるインセンティブの仕組みです。報酬としては、おいしいものや買い物、映画鑑賞や読書の時間、リラクゼーションなどがあります。

基本的に、自分が喜ぶものを「自分へのごほうび」にするのですが、歯止めがきかなくならないように、完了したタスクに見合った報酬にしなければなりません。また、過度のアルコールなど、健康に悪影響のある報酬は避けましょう。

自分へのごほうび

POINT 2

リモートワークは家族との関係構築のチャンス！　見え方・見せ方も意識しよう

リモートワークを自宅でするようになると、家族に働く姿を見せることになります。実際、「家で会議している様子を見て、頑張ってるんだと気づいた」「どんな仕事をしているのかようやくわかった」という声もよく聞きます。もちろん業務上の守秘義務を守る必要はありますから、何でも見せていいものではありませんが、集中して仕事に打ち込む姿や、仕事関係者とのやりとりの様子は、家族にも伝わっています。どんな背中を見せたいか、そんな視点でも考えてみましょう。

セルフコーチングの
テーマ別ケーススタディ

35

ワークライフバランスのための
セルフコーチング

仕事と家庭のバランスに悩む一児の母の陣内さんは、セルフコーチングによって改善をはかりました。

CASE | 悩み | ## 子どもにイライラを
ぶつけてしまう……

➡ 仕事も家庭のバランスが取れ
仕事の質も向上した

PROFILE
陣内美咲さん (仮名)
製薬会社
臨床開発部
38 歳

陣内美咲さんは、仕事に情熱を注ぐ一方で、家庭も大切にしたいと願う一児の母です。ヨガや読書という趣味もあります。

ある日、仕事のストレスから些細なことで子どもと口論になり、陣内さんは子どもから「お母さんのイライラを私にぶつけないで!」と拒絶的な言葉を浴びせられる結果につながりました。この出来事にショックを受けた陣内さんはセルフコーチングの手法を学び、自己対話を通じて自分の問題を明確化していきました。

「私はなぜ子どもにイライラをぶつけてしまうのか?」「私が怒る原因は何か?」

と自分に質問した陣内さんは、自分が仕事と家庭の間でストレスを感じていること、それが子どもに対する感情の爆発につながっていたことに気づきました。

陣内さんの抱える問題は、仕事と家庭の間でのバランスの取り方と、それに起因するストレス、つまりワークライフバランスの問題だったのです。陣内さんはさらに、「私はどうなりたいのか?」と自分に問いかけました。そして彼女が見いだした理想の未来とは、「仕事でも家庭でも趣味の場でも、みんなと笑顔で接することができる状態」というものでした。

POINT 1

現代のビジネスパーソンに必須
仕事と私生活の間のバランス

　ワークライフバランスとは、仕事と私生活の間で実現したい理想的なバランスです。家庭や趣味など人生を豊かにする側面も重視し、時間や場所に縛られない柔軟な働き方を追求しようという考え方が広がってきており、フレックスタイム制、時短勤務、テレワーク、休暇を取りやすい環境の整備などの形で現実化しています。このバランスがうまく取れれば、仕事と生活の相乗効果によって新たな視点やスキルが獲得され、仕事の質が向上することが期待されます。

POINT 2

仕事と私生活を統合する考え方
ワークライフインテグレーション

　ワークライフバランスの考え方では、仕事と生活を分離していますが、仕事と生活が密接に関係していることも少なくありません。そこで注目されているのが、ワークライフインテグレーションの考え方です。仕事と私生活の間にあえて線引きをせず、統合して考えることで、両方をより充実させることをめざします。

　自営業、フリーランスで働いている人や、副業、社会貢献に取り組む人などに、特に有効な考え方だといえます。

ワークライフインテグレーション

仕事　生活

バランスに注意しよう

CASE 達成可能な目標を定めた陣内さんは、目標達成のために行動し、うまくいかなかった部分を修正していきます。

目標をルールに落とし込み理想のバランスに近づいていく

　陣内さんは、ワークライフバランスの理想の状態をもとに、「毎週末に家族との時間を確保する」「週に2回は趣味の時間をもうける」といった、具体的で達成可能な目標を設定します。

　そして彼女は、自身のアクションプランを作りました。それは、一週間のスケジュール管理を徹底すること、週末には仕事をもち込まないこと、夕食後の時間を家族との会話の時間とすることなどの、具体的なルールの形で表されました。

　しかし、行動計画を実行する中で、しばしば困難に直面しました。特に多かったの

が、仕事があふれてしまったぶん、趣味の時間が圧迫されることです。しかし彼女は、毎日短くても自己反省の時間を取って自己調整を行い、行動を修正していきました。

　じわじわと効果をあげてきたのは「残業禁止」の個人的ルールでした。このルールを作った当初は、区切りがつかない状態でその日の仕事を切り上げることに抵抗がありましたが、そのような事態を避けるために仕事の効率化を徹底すると、生産性が上がっていったのです。陣内さんはヨガや読書に十分な時間を取れるようになり、家族とも笑顔ですごす時間が増えました。

陣内さんが行ったセルフコーチング

自分への問い

私はなぜ子どもにイライラをぶつけてしまうのだろう？

問題・悩み

子どもにイライラをぶつけてしまった

目標設定

ワークライフバランスの理想の状態をもとに具体的で達成可能な目標を設定

アクションプラン作成

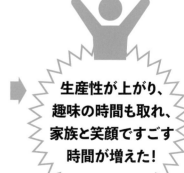

生産性が上がり、趣味の時間も取れ、家族と笑顔ですごす時間が増えた！

POINT 1

人生の中での役割を可視化する「ライフキャリアレインボー」

人生の中で、私たちはさまざまな役割を担っており、「ビジネスパーソンであり、母親であり、趣味のサークルの一員でもある」といったように演じ分けています。

人生の各段階での複数の役割を、虹のような弧で表現したものが、下図のようなライフキャリアレインボーです。自分なりのライフキャリアレインボーを描いてみることで、現状を把握して問題を明確にしたり、これからのキャリアプランニングを行ったりすることができます。

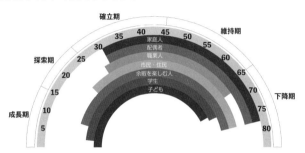

POINT 2

思い通りに動いてくれないときはアプローチを見直してみよう

「家族がもっと家事を手伝ってくれたらいいのに」「上司が理解して動いてくれたらいいのに」など、思い通りに動いてくれない相手への不満が浮かんでくることもよくあります。そんなときにオススメなのは相手に動いてもらうために「私が変えるべき点は何か」を考えること。今までの伝え方とは違う方法を試してみましょう。p.67でご紹介したアサーションも参考になります。相手が思い通りに動いてくれないときこそ、自分のアプローチを見直すチャンスなのです。

相手が思い通りに
動いてくれない

↓

相手に動いてもらうために
「私が変えるべき点は何か」
を考える

↓

今までの伝え方とは
違う方法を試してみる

リスキリングのための セルフコーチング

セルフコーチングの
テーマ別ケーススタディ

36

営業の経験豊富な石井さんは、新しい動きから取り残されそうになっていることに気づきます。

CASE	悩み	今のままでは将来仕事がなくなってしまうかも……

▶ リスキリングで新たな知識とスキルを得て自信を取り戻した

PROFILE
石井裕司さん (仮名)
メーカー
営業部員
39歳

　石井裕司さんは地方のメーカーに勤務する、実直な営業部員です。コミュニケーションが得意で、フェイス・トゥ・フェイスの営業活動を通じて、顧客との信頼関係を築いてきました。

　しかし近年、会社のビジネスモデルが少しずつ変わりつつあり、石井さんの成績にかげりが見えてきました。

　その状況に対する不安から、石井さんはセルフコーチングを行い、「今のままでは将来、仕事がなくなってしまうのではないか」という恐れと向き合いました。

　そんな中で、石井さんがあらためて意識したのは、社内の新しい動きから取り残されつつあるという事実でした。最近、デジタルツールを活用した新しい営業形態が導入され、若手営業部員はそちらにシフトすることで成績を伸ばしていたのです。

　石井さんは、「この不安を克服するために必要なことは何だろう？」と自問しました。彼が出した答えは、「デジタルツールを使いこなす能力」と、「それを活用した新しい営業方法」でした。業務に使うスキルをあらためて習得すること、すなわちリスキリングの必要性を、セルフコーチングを通じて石井さんは認識したのです。

POINT 1

新しく必要になるスキルや知識を 学び直すリスキリング

　リスキリングとは、現代社会の急激な変化に対応して、新たに必要となるスキルや知識を学び直したり身につけたりすることです。新たな仕事の出現や職務内容の変化に対応するために必要なことであり、具体的には、デジタルスキルの習得、新しいビジネスモデルへの理解、エネルギー変換や環境に関する知識などがあります。リスキリングを行うことで、仕事が奪われたり AI に置き換えられたりするリスクを低減し、キャリアを発展させることが可能です。

POINT 2

同じく社会人の学び直しを意味する リカレント教育とは?

　社会人の学び直しとしては、リカレント教育という言葉もあります。どちらも、外国語の習得、資格取得、デジタルスキル取得などの例がありますが、リスキリングが業務に活かせる技術に主眼を置くのに対して、リカレント教育には仕事とは直接関係のないことを、個々の興味や目標にしたがって広く学ぶことも含まれています。

　退職や休職とともに学び直しが行われ、新たなキャリアパスと自己実現が模索されることも少なくありません。

学校　生涯にわたり 教育と就労を くり返す　会社

CHAPTER 1
CHAPTER 2
CHAPTER 3
CHAPTER 4
CHAPTER 5

CASE 石井さんは、セルフコーチングによって新しい営業スタイルを作りあげ、自信を取り戻しました。

デジタル時代の新営業スタイルの確立
理想のイメージと明確なゴール設定

石井さんは、リスキリングを達成した自分の未来を思い描き、その理想のイメージに、「デジタルスキルと人間力を兼ね備えた、新しい営業スタイルのもち主」というキャッチフレーズをつけました。さらに、それを具体化した目標として、「3ヶ月後までに、デジタルツールによる営業活動における顧客満足度を、現在の平均7点（10点満点）から平均8.5点以上に改善する」というゴールを設定しました。

そして、目標達成のための行動の選択肢をリストアップします。石井さんは「オンラインでの営業研修を受ける」「デジタルツールの使い方を習得する」「若手の営業部員にアドバイスを求める」「顧客とのオンラインミーティングを実施する」「自身の営業方法を見直し、改善する」などのアクションプランを立てて実行しました。

やはりデジタルツールには苦労しましたが、石井さんはもちまえの粘り強さでくらいつき、着実に上達しました。若手に謙虚に教えを乞う姿勢は、彼の人望を高めることにもつながりました。

そして3ヶ月後、石井さんは目標を達成しました。キャリアに対する不安を克服し、自信を取り戻したのです。

石井さんが行ったセルフコーチング

自分への問い
この不安を克服するために必要なことは何だろう？

問題・悩み

将来、仕事がなくなるかもと不安……

GROWモデル

目標を達成し自信を取り戻した！

目標設定
業務に使うスキルをあらたに学び直す（リスキリング）

石井さんの GROWモデルワークシート

理想とする未来

あなたの理想的な未来＝ありたい姿、手に入れたいもの・こと（Goal）

・デジタルスキルと人間力を兼ね備えた、新しい営業スタイルのもち主。
・3ヶ月後までに、デジタルツールによる営業活動における顧客満足度を、平均8.5点以上に改善する。

G

実現のための選択肢と意志（Options&Will）

・営業研修を定期的に受けてデジタルスキルを向上。
・若手営業部員からデジタルツールの利用方法を学ぶ。
・自身の営業方法を見直し、必要な改善を行う。

ギャップ

R
現状

時間

理想的な状態に対する現状（Reality）

・デジタルツールに対する知識とスキルが未熟で、その活用が十分でない。
・顧客からの満足度は現在平均7点。

使える資源（Resource）

・オンラインで受けられる研修やセミナー。
・若手営業部員からアドバイスを受ける。
・顧客とのオンラインミーティング。

POINT 1

リスキリングする際にはアンラーニング（学びほぐし）も意識

リスキリングに加えて、「学びほぐし」といわれるアンラーニングも意識しましょう。私たちは、これまでの学びや体験から、自分なりの成功のセオリーをもっています。しかし、新しい環境の中では、既存の考え方が邪魔をすることも。もしも石井さんが「お客様とは対面で話すべき」という考えを頑なに手放せなければ、デジタルスキルの向上もスムーズに進まなかったかもしれません。自分のリスキリングを妨げる考えや価値観に気づき、手放すことも重要です。

アンラーニング

新しい「当たり前」

古い常識を手放す

柔軟性がないとスキル獲得の妨げになる

セルフコーチングの
テーマ別ケーススタディ

37

転職活動のための セルフコーチング

会社の中での立ち位置に疑問を感じた井上真希さんは、自身の価値観と職場環境のギャップを発見します。

CASE

悩み 会社の方針と合わず しばしば衝突してしまう……

➡ **苦しい局面を自分との対話で 乗り越え、転職活動に成功**

PROFILE
井上真希さん (仮名)
中小食品メーカー
製品開発部門
29 歳

食品メーカーの製品開発部門に勤める井上真希さんは、お客さんの立場から考えることを大事にして、つねに新しいアイデアを提案しています。しかし、彼女の提案は会社の方針としばしば衝突し、消費者の声を重視した企画が却下されることも少なくありませんでした。

井上さんはいつしか、心に漠然とした違和感を抱くようになっていました。そこで彼女は、自分の内面を深く探るために、セルフコーチングの手法を採用することを決意しました。

彼女は 5W1H のフレームワークを使って

自分と対話を行い、自分がやりたいことは「ユーザーの声を取り入れた製品開発」だと確認したうえで、「それが今の会社でかなうのだろうか?」と問いました。回答は「いいえ、方針の違いが大きいから」でした。井上さんの抱えている問題は「自分が追求したい価値観と、現在の職場の価値観が合致していない」ということだったのです。

この問題が解決された理想の未来として「お互いの価値観を尊重しながら、ユーザー中心の製品開発を行える環境」をイメージした井上さんは、その実現のためには転職が必要だと結論づけたのでした。

POINT 1

5W1Hのフレームワークの質問と回答

5W1H	自分への質問	回答
Why	なぜ私は現在の会社で不満を感じているのだろう？	私のアイデアや提案がしっかりと評価されず、ユーザーの声を取り入れた新製品の開発が却下されてしまうため。私の価値観やビジョンが尊重されていないと感じるから。
Who	私の価値観やビジョンを尊重してくれないのはだれだろう？	おもに上層部や決定を下す役職の人たち。彼らは生産効率や売上重視の視点から、私の提案を却下する傾向がある。
Where	この問題はどのような状況や場所で起こるのだろう？	会議やプロジェクトの計画段階で、私の提案が却下されることが多い。また、日常的な会話の中でも、私の価値観やビジョンが理解されていないと感じることがある。
When	この問題はいつから始まったのだろう？または、特定の時期に顕著になるのだろうか？	私が初めて新製品の開発を提案したときから始まった。特に新しいプロジェクトが始まるときや戦略会議の際には、私の価値観やビジョンが無視されることが顕著になる。
What	具体的に何が問題なのだろう？　何が達成したい目標なのだろう？	問題は、私の価値観やビジョンが会社で尊重されず、提案が却下されること。目標は、自分の価値観やビジョンが理解され、それにもとづいた製品開発が可能な環境で働くこと。
How	どのようにすれば、この問題を解決できるのだろう？	自分の価値観やビジョンを理解し、尊重してくれる職場環境を見つけるために、新たな仕事を探す。また、自分の思いやビジョンをより効果的に伝える方法を学ぶ。

CHAPTER 1
CHAPTER 2
CHAPTER 3
CHAPTER 4
CHAPTER 5

転職活動に踏み出した井上さんは、苦しい局面も自分との対話で乗り越え、望みの実現に向けて進みます。

妥協せず高い目標をめざし
改善しながら転職活動を続ける

井上さんは、転職の成功を目標に、具体的な行動を開始します。

自分のスキルと経験を整理し、自己PRの材料を探し、職務経歴書と履歴書を更新しました。と同時に、自分のスキルを活かすことができ、「お互いの価値観を尊重しながら、ユーザー中心の製品開発を行える環境」を手に入れることができそうな企業を、妥協せずに探していきました。忙しい仕事のかたわらで転職活動を進めるのは難しい挑戦であり、その道のりは平坦ではありませんでした。不採用の通知を受け、落胆することも一度ならずありました。

彼女はそのたびにセルフコーチングを行い、「よかったところ」と「改善すべきところ」を明確にしました。また、活動途中で自分の会社への提案の仕方に問題があったことにも気づきました。会社に理想を求めるだけでなく、自分のアプローチを変えることにも取り組んだのです。

そしてついに2年後、井上真希さんは希望する企業への転職に成功しました。新たな職場へと足を踏み入れた彼女は、ユーザーの声を取り入れた提案を続け、新しい同僚たちとお互いの価値観を尊重しながら製品開発に取り組んでいます。

井上さんが行ったセルフコーチング

問題・悩み

会社の価値観と合わず、しばしば会社の方針と衝突してしまう

自分への問い

自分のやりたいことは？それが今の会社でかなうのだろうか？

目標設定

実現のためには転職が必要

行動のふり返り

よかったところはどこか？どこを改善すればよいのか？

希望する企業への転職に成功！

POINT 1

転職活動の継続に
セルフコーチングはいかに役立つか

転職活動にあたってセルフコーチングを行うと、自己認識を深め、方向性を明確化するのに役立ちます。

また、転職活動の継続を困難にする要因のひとつに、不採用になったときの心理的ダメージがありますが、うまくセルフコーチングを行えば、その問題にも対処できます。不採用の通知を受け取ったときはすぐに自己対話を行って「よかった点」「改善すべき点」を言語化して切り分ければ、ネガティブな気持ちを引きずらずにすみます。

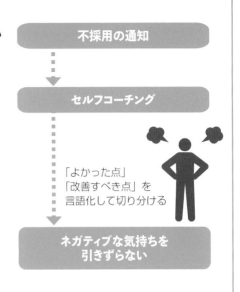

不採用の通知

↓

セルフコーチング

「よかった点」
「改善すべき点」を
言語化して切り分ける

↓

ネガティブな気持ちを
引きずらない

POINT 2

失敗からのダメージを最小化して、
打たれ強さを身につけよう

面接失敗や不採用など、さまざまな「危機的状況」を体験することもあり得る転職活動期間には、レジリエンスも合わせて高めていきましょう。しなやかさ、打たれ強さとも表されるレジリエンスは、不確定要素やストレスの多い現代を生き抜いていくうえで重要な力です。レジリエンスを高めるうえで有効なのは、あらかじめ起こり得る「最悪のシナリオ」とそこからの復活のプロセス、そして学びを想定しておくことです。予想しているからこそダメージを受け止めることができるようになり、対処に慌てず自分をケアすることができるようになります。

もしここが
ダメだったら……。
自分にも改善
すべきことがあると
考えよう

落ち込む時間が
あるなら
すぐにセルフ
コーチング

セルフコーチングのテーマ別ケーススタディ
38

起業のための
セルフコーチング

熱い塾講師の渡辺さんは、理想の教育を実現するため、自身の環境を大きく変える決断を下しました。

CASE

悩み 現在の職場では
やりたいことが実現できない

➡ **生涯をかけて理想を追う決意で
起業を決断**

PROFILE
渡辺和明さん (仮名)
個別指導の学習塾
講師
35歳

渡辺和明さんは、子どもの可能性を引き出すことに情熱を燃やす、優秀な塾講師でした。講師1人が一度に生徒3人を教えるシステムの個別指導塾に勤務していましたが、特に丁寧な指導が必要な生徒には、この方式では不十分だと感じ、「1対1の指導もさせてほしい」と上司に提案していました。しかしその提案は受け入れられず、渡辺さんは不満を覚えていたのです。

彼はあるとき、セルフコーチングで自己対話を行い、自分が抱える問題は「現在勤めている塾のシステムでは、特に丁寧な指導が必要な生徒たちへの、十分な指導を提供できない」ということだということを確認しました。その問題を解決するのは、現在の職場では不可能であることも明確になりました。

そして渡辺さんは、起業を決意します。人生をかけて理想を追求すべく、新しい塾を作ることにしたのです。その理想の状態とは、「自分のもとに来れば、教育を望む生徒が、必要な教育を必ず受けられる」ということ。せっかく人生をかけるのだからと、「すべての人が最適な教育を手に入れられる社会の創造」という、とんでもなく大きなイメージを大真面目に掲げました。

POINT 1

今いる組織での実現が困難なら起業が選択肢に入ってくる

どうしても実現したいと願っていることがあり、今いる組織での実現が困難な場合、自分で新しい事業を起こすということが選択肢に入ってきます。ビジネスパーソンにとって、起業は自己実現の道であり、自身の能力を最大限に発揮する機会となります。

もちろん、会社員としての保障は得られなくなり、成功のためには市場調査、ビジネスプラン作成、資金調達といった準備と努力が求められます。運の要素が大きくかかわるのも、起業のシビアさのひとつです。

POINT 2

人生全体にかかわる決断の際はバックキャスティングの発想が有効

転職もそうですが、起業はその人の人生全体にもかかわる、とても大きな決断です。大きな決断を行う際には、人生のずっと先の時点を視野に入れて、その時点で達成しているべき大きな目標から逆算する、バックキャスティングの考え方が特に有効です。

渡辺さんは現状の延長線上では実現しそうもない理想の状態として、「60歳までに、すべての人が最適な教育を手に入れられる社会を実現する」ことを掲げ、そこから現在へとさかのぼって考えました。

CASE 理想の塾の創業を志す渡辺さんは、強みと弱みを見きわめながら、独自の ビジネスモデルを構築します。

コンセプトは「会いに行く家庭教師」 理想に向けてさらなる挑戦へ

　新しい塾を始めることを決めた渡辺さんは、自分にさまざまな質問を投げかけました。「理想に向けた小さな第一歩として、何を実現すればいい？」「それを実現するために、何が必要だろう？」などです。

　この過程で、SWOT分析で強みや弱みの分析も行いました。やはりネックとなったのは経営経験のなさです。これを補うため渡辺さんは、コンサルタントをやっている高校時代の親友にも相談に行きました。

　そして渡辺さんが打ち出した塾のコンセプトは、「会いに行く家庭教師」というものです。自分ひとりが講師として、完全に

1対1で、わかるまで丁寧に教えます。生徒を多く受け入れられない代わりに、料金は家庭教師レベルの高さです。だれにでもできることではありませんが、渡辺さんはもともと研究者志望で多くの知識をもち、教え方もうまいという強みがあったため、このビジネスモデルが成り立ちました。

　起業から5年。渡辺さんの塾は成功を収め、地元で喜ばれる存在となりました。協力者も現れ始めています。渡辺さんはさらなる飛躍をめざし、科学や哲学の基礎教養をやさしく教える特別コースも計画しているところです。

渡辺さんが行ったセルフコーチング

問題・悩み

現在の職場ではやりたいことが実現できない

自分への問い

現在勤めている塾のシステムでは、特に丁寧な指導が必要な生徒たちへの、十分な指導を提供できない

目標設定

人生をかけて理想を追求すべく、起業して新しい塾を作る

SWOT分析

教育者としての自分の強みは？　起業して成功するために、自分に足りない点は何だろう？

強みを活かしたビジネスモデルで起業に成功！

POINT 1

基本フレームワークのSWOT分析もセルフコーチングで活かせる

P.38でも紹介しましたが、自分や自分が所属する組織を分析する、SWOT分析というフレームワークがあります。強み（Strengths）、弱み（Weaknesses）、機会（Opportunities）、脅威（Threats）の枠を設け、考えて埋めるのです。渡辺さんは、セルフコーチングの自己対話で下のように表を埋めました。

	プラス要因	マイナス要因
内部環境	**強み** 豊富な知識と教育経験、個別指導への熱意	**弱み** 経営経験の欠如、リソースの制約
外部環境	**機会** 個別指導のニーズ、友人の協力	**脅威** 競合他社、ビジネスモデルの不確実性

POINT 2

都合のいいイメージばかり浮かんだら「本当にそう?」と確認しよう

「まわりの反応はいいから、きっと大丈夫」「こんなサービスはほかにはないから売れるはず」そう思っていざビジネスをスタートすると、思ったようにお客が来ない……。

そんな羽目に陥らぬように心得ていてほしいのが、「本当にそう?」と自分に問いかける姿勢です。

「いいねという人たちは有料でも来てくれるかな?」「本当にほかにはないといえるのかな?」ちょっと意地悪な人になったつもりで自分に質問し、根拠をもって問いに答え、自分のアイデアをしっかり磨いていきましょう。

本当にほかにはないといえるのかな?

いいねという人たちは有料でも来てくれるかな?

人間関係のためのセルフコーチング

　人間関係やコミュニケーションに悩んでいる方にまず考えてみてほしいのは、相手との「関係性のゴール」です。たとえば会社の同僚なら、その人と公私ともに仲のよい友人になりたいのか、仕事のレベルを競い合うよきライバルでありたいのか、どんな関係でいたいのかを考えてみてください。もちろん、こちらがそう思ったからといって、簡単に実現するものではありません。なぜならば、人間関係の悩みにはつねに「相手」がいて、「相手」を思い通りに動かそうと思っても、なかなかうまくは進まないからです。

　「他人と過去は変えられない、自分と未来は変えられる」という言葉の通り、他人も過去も直接的には変えられません。人間関係に悩んだら、相手を何とかしようとするのではなく、自分のアプローチをどう変えればうまくいくのかを考えたほうが得策です。そのために大事なことは、相手を知ること。自分には理解できない行動をとる相手がいたら、その行動が正しいとしたらどんな背景や理由があるかを考えてみましょう。そう考えることで、さまざまなタイプへの対応力が磨かれるようになるのです。

COLUMN 4

108

CHAPTER 4

セルフコーチング からコーチングへ

リーダーとしての
コーチングが可能に

セルフコーチングを身につけていれば、そのスキルをチームの
メンバーに対して用いることもできるようになります。

自分のコーチングから他者のコーチングへ
チームの自主性と信頼を深めるスキル

セルフコーチングを身につけるメリットのひとつは、たとえばチームのリーダーになったとき、それまで自分に対して行ってきたコーチングを、チームのメンバーに対して行うことができる点です。

リーダーの重要な役割のひとつは、メンバーの力を引き出し、チームの成果を高めることです。

セルフコーチングを通して身につけた「考えや行動を引き出す」基本的な姿勢と、対話しながら PDCA サイクルを回してプロジェクトを進める方法は、そのままチームマネジメントにも応用できます。

自分ではなく他人にコーチングを行うときのコツや注意点を押さえれば、チーム力を高めるコーチングを現場で行っていけるはずです。

第5章では、セルフコーチングのスキルを応用してメンバーへのコーチングを行い、チームをまとめていく方法を解説します。

セルフコーチング

この仕事を
やる
目的は……?

コーチング

この仕事を
やる
目的は何?

POINT 1

リーダーがもつべき2つのスイッチ 「コンサルティング」と「コーチング」

　リーダーの中には、すぐ問題を見抜いてしまい、「問題はこれだよ。だからこうすればいいんだよ」とアドバイスしたくなる方もいるでしょう。しかし、それはコーチングではなく、コンサルティングです。

　至急の対応を求められる場面では、「コンサルスイッチ」をオンにして、即断即決するのが大事です。しかし、いつもリーダーがコンサルしていると、メンバーが考えたり試行錯誤したりできなくなってしまいます。「コーチングスイッチ」と「コンサルスイッチ」の両方を使い分けましょう。

コーチング　　コンサルティング

POINT 2

コーチングはいつ行う？ リーダーが仕組みを作っておこう

　チームのメンバーと向き合って、相手から考えや行動を「引き出す」コーチングは、リーダーの側で「いつ」「だれに」「どんなふうに」行うかという仕組みを作るのが大切です。右の一覧のように、普段の会話や場面の中に「コーチングスイッチ」を入れるチャンスはたくさんあります。

　日常業務の中のコミュニケーションとして数分から10分程度で行う「普段使いのコーチング」と、「1ヶ月に一度」などと決めて定期的に面談を行う「定期的なコーチング」の両輪で回すのをオススメします。

❶質問・相談されたとき
➡「君はどう思う？」など
❷メンバーが仕事に取り組む前
➡「どんなゴールをめざす？」など
❸ランチや飲み会など
➡インタビューを行って話を
　引き出す
❹会議やミーティング
➡メンバーの話を引き出す
❺面談のとき
➡自分が話すよりもメンバーに
　話させる

コーチングのスキル①
相手から「聞く」

「引き出す」コミュニケーションの土台は「聞く」こと。これさえできれば基本はOKといっても過言ではありません。

相手に考えさせる能動的な行為
「聞き出す」「聞き切る」「聞き分ける」

　コーチングには「聞く」「質問する」「伝える」の３つのスキルがあり、これらを自分に向けて行うのがセルフコーチングだとp.13で紹介しました。もともとのコーチングでももちろん有効です。

　まず「聞く」とは、相手の考えていることややる気を引き出す、非常に重要なスキルです。受動的なことのように思われるかもしれませんが、「相手の話を聞くこと」は「相手に話をさせること」です。そして、「相手に考えさせること」をも意味しています。聞くことは相手の内面にはたらきかける非常に能動的なかかわり方なのです。聞くときのポイントには「聞き出す」「聞

き切る」「聞き分ける」の３つがあります。「聞き出す」とは、相手に話しやすいと感じてもらい、話を引き出すことで、傾聴（p.69参照）の考え方に通じます。

「聞き切る」とは相手の話に「。」がつくまで途中で口をはさまないことです。「それって●●だよね」などと思い込みで決めつけたり、関心がないからとさえぎったりせず、落ち着いて最後まで聞きましょう。

　そして「聞き分ける」とは、相手の話を要素に分類し、わかりやすく整理することです。5W1HやGROWモデルなどのフレームワークに落とし込んでいくのが有効です。

 「聞く」ときのポイント

①聞き出す

②聞き切る

③聞き分ける

POINT 1

これであなたも聞き上手 「聞き出す」の7つのポイント

相手に気持ちよくしゃべってもらうための基本は、やはり笑顔です。そのほか、聞き上手がやっている7つのポイントを右に挙げます。

1対1の対話では、必ず目が合う真正面は気まずいことも多いので、同じ方向に座る「カウンター型」や、テーブルの角を使った「コーナー型」のポジションが取れるとよいでしょう。アイコンタクトは見つめすぎず、相手の様子に合わせましょう。しゃべりや身振りなどのテンポも、相手に合わせてペーシングしましょう。

「聞き出す」の
7つのポイント

❶ポジション
❷アイコンタクト
❸うなずき
❹相槌
❺話をうながす
❻オウム返し
❼ペーシング

POINT 2

メンバーの話を「聞く」ことは 心理的安全性につながる

メンバーの話をしっかり聞く場を作ることは、心理的安全性を高めることにもつながります。心理的安全性とは、ミスなどをいやな形であげつらわれることなく、自分の考えを恐れずに表現できて、安心して働ける状態を表す言葉で、近年、ビジネスにおいて注目されています。心理的安全性がある職場では、メンバーが失敗を恐れずに挑戦できるので、アイデアや改善案がどんどん出てきます。問題発見や解決も早くなり、みんなが協力し合う環境が醸成され、結果的にチームの生産性も高まるのです。

話し合いの場を作る

アイデア

改善案

問題発見

セルフコーチング
からコーチングへ

41

コーチングのスキル②
相手に「質問する」

コーチングでの質問は、誤解しがちなポイントを理解すれば、じつは難しくはありません。

相手に深く考えさせるための
質問の5つのポイント

コーチングの基本スキルの2つめは、相手に「質問する」ことです。このスキルのポイントは5つあります。

最初のポイントは「質問は相手のためと心得よ」。コーチングの質問は相手に考えさせて気づきをうながす、相手のための質問です。相手に考えさせる「思考促進」を意識し、自分（質問者）の情報収集のための質問にならないように気をつけましょう。

2つめは「誘導尋問はNG」。相手の気づきを引き出そうとするのはよいのですが、自分が言わせたい答えを相手に言わせるための質問になっていないか、ふり返っ

てみてください。相手が自分で考え、自分なりの答えを見つけることが重要です。

3つめは「質問の前に相槌」。まずは相手の話を受け止めてから、次の問いかけをしましょう。

そして4つめは「質問はシンプルに」。一度にいくつも複雑な質問をするのは、効果的ではありません。

最後の5つめは「質問したらお静かに」。沈黙が怖くて、質問のあとも話しつづける人がいますが、それでは相手が深く考えられません。沈黙のスキルも磨きましょう。

「質問する」5つのスキル

①質問は相手のためと心得よ

②誘導尋問はNG

③質問の前に相槌

④質問はシンプルに

⑤質問したらお静かに

POINT 1

セルフコーチングでも使った
シンプルフレーズとフレームワーク

　セルフコーチングで自分の考えを引き出すために使うさまざまな質問は、コーチングの「質問する」スキルと共通のものです。第2章で紹介した「ほかには？」「具体的にいうと？」などのシンプルフレーズは、自分以外の人へのコーチングでも使えます。

　フレームワークによる質問も効果的です。5W1H で「なぜ？」「だれ？」「どこ？」などの基本情報を網羅できますし、GROW モデルにもとづいて「どうなれば理想の状態？」などと訊き、成長をうながすこともできます。

シンプルフレーズ

| ほかには？ | 具体的にいうと？ |

5W1H

なぜ？	だれ？
どこ？	いつ？
何？	どのように？

POINT 2

相手の成長をうながすために
あえて自由度の高い質問も

　質問には、自由度のレベルがあります（p.39 も参照）。① Yes/No 型質問、②選択型質問、③情報限定型質問、④自由回答型質問の順で自由度が上がっていきます。

　特に④は、成熟度の低い相手は、どう答えればよいかわからず、回答を出せないかもしれません。

　しかし、メンバーの育成の面で大切なのは、答えを言わせること自体ではありません。成長のために考えさせることです。相手がなかなか答えられなくても、ときには自由回答型質問を投げかけてみましょう。

④自由回答型質問
「●●の件、どうする？」など

②選択型質問
いくつかの選択肢から選ぶ

①Yes/No 型質問
「はい」か「いいえ」で答える

自由度

③情報限定型質問
「いつ」「どこで」「だれが」など

CHAPTER 1
CHAPTER 2
CHAPTER 3
CHAPTER 4
CHAPTER 5

コーチングのスキル③
相手に「伝える」

相手から「引き出す」コミュニケーションであるコーチングですが、
うまく「伝える」ことも重要です。

相手に伝わるように伝えるための
「タイトル」と「ナンバー」

　相手から考えややる気、行動を引き出すためには、こちらからはたらきかけることが必要な場合もあります。情報提供、アドバイス、激励など、さまざまな要素を「伝える」のが、コーチングの3つめの基本スキルです。「伝える」ときに大切なのは、きちんと相手に伝わるように伝えることです。そこで非常に有効なのが、自分の話に「タイトル」をつけて「ナンバー」をふるテクニックです。

　タイトルとは自分の発言の主題、ナンバーとは要点の数です。「どういう主題についての発言をするのか」「その要点はい

くつあるのか」を、発言の最初で予告します。

　たとえば「プロジェクトの進行について、考慮に入れてもらいたいことが3つあるんだ」といったところから話し始めると、聞き手は最初からしっかり話についていけて、「今は2つめの要点で、あとひとつ要点があるんだな」というように整理しながら聞くことができるのです。

　タイトルとナンバーを最初に言うためには、あらかじめ話す内容を考えて整理しておく必要があります。伝える側の思考力も磨かれるので、一石二鳥の方法です。

伝えるときに大切なこと

①どういう主題について発言するのか

②その要点はいくつあるのか

前もって
要点を
まとめておこう

POINT 1

フィードバックの際は
事実ベースで根拠も伝える

　メンバーの行動に対して、リーダーとしてフィードバックを行う際は、行動している本人には把握できなかったことを、事実ベースで伝えます。

　そこでポイントになるのは、目標に対してどのくらいズレているかをきちんと伝わるように伝えることです。「今日のプレゼン、空回りしていたね」と決めつけるだけでは、相手も受け取れません。フィードバックする前に「空回りして見えたのはなぜだろう？」などと自問して、明確にした根拠も込みで伝えましょう。

なぜだろう？

お客さまではなく、スライドを見ながら話していたね

POINT 2

ほめるときも根拠を示して
「見ているよ」ということを伝えよう

　「ほめ言葉」は、メンバーをやる気にさせたり、本人も気づいていなかった強みに気づかせたりすることができます。

　しかし、ただ「いいね」と言うだけでは効果がないこともあります。何をほめられているのか本人がわかっていないと、ただのお世辞だと思われてスルーされてしまうのです。

　ですから、メンバーをほめるときは、その根拠も伝えましょう。相手は「ちゃんと見てくれているんだ」と嬉しく感じ、モチベーションを高めてくれるかもしれません。

見てるよ！

あの部分がわかりやすかったよ

見てくれている

セルフコーチング
からコーチングへ

43

リーダーシップを発揮する

リーダーは「少し先を行く人」であり、その重要な役割は、
フォロワーに対して方向性を示すことです。

よい方向を選ぶための決断力は
思考と行動の蓄積によって作られる

ここまで、リーダーとしてチームのメンバーをコーチングするための基本スキルを紹介してきましたが、そもそもリーダーとはどういう存在でしょうか。

リーダーとは「少し先を行く人」という意味です。経営学者のピーター・ドラッカーは、「リーダーについて唯一いえることは、『フォロワー』（信頼してついてくる人）がいるということだけである」（＊）と述べています。非常にシンプルですが、たしかにその通りだと思います。「だれかをついてこさせる」ということがリーダーシップであり、それは、他人に対する影響力と言い換えることもできます。

「少し先を行く人」としてのリーダーの重要な役割は、「方向性を示す」ということです。よい方向を選べる決断力をもったリーダーこそが、よいリーダーだといえるでしょう。

リーダーとしての決断力を高めていくために重要なことは、「どちらを選ぶか」を自分でしっかりと考え、行動し、その体験知を蓄積していくことです。メリットとデメリットを自分に問いかけ、決定して行動し、検証して次につなげるサイクルは、セルフコーチングそのものだといえます。

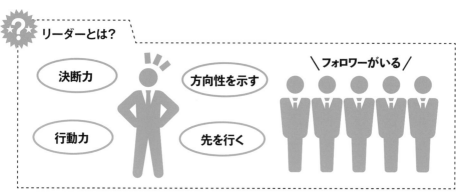

リーダーとは？

決断力　　行動力　　方向性を示す　　先を行く　　＼フォロワーがいる／

参考文献＊ P・F・ドラッカー、ジョセフ・A・マチャレロ（上田惇生訳）
『プロフェッショナルの原点』（ダイヤモンド社）

POINT 1

リーダーの自己認識を助ける
リーダーシップのスタイルの知識

　リーダーがチームを率いていくうえで、自分のリーダーシップのスタイルを知っておくことが役立ちます。

　たとえば「決断」という観点では、みんなの意見を聞いて決める「デモクラティックリーダー」、自分で決めてみんなに伝える「オーセンティックリーダー」、決定をメンバーに任せる「レッセフェール」という3つのスタイルがあります。メンバーと状況に合わせたスタイルを選択するために、まずは自分のスタイルを知っておきましょう。

> **リーダーシップの
> 3つのスタイル**
> ①デモクラティックリーダー
> ②オーセンティックリーダー
> ③レッセフェール

自分は
どのタイプか
考えよう

POINT 2

リーダーシップを高めるための
「見せ方」のセルフコーチング

　リーダーの立場に立つ人は、ほかの人たちに影響を与えて、フォロワーを生み出していかなければなりません。リーダーシップを高めるには、「自分の言動を、まわりにどのように見せるか」を、セルフコーチングを通して考えることも有効です。
「自分は普段どんな言動を取っているか」を棚卸しして、周囲からどのように見えているのか、客観的に考えてみましょう。その現状を「こう見せたい」という目標と比較し、ギャップを埋めるための行動を取っていくのです。

普段はどんな
言動を取って
いたっけ？

セルフコーチング
からコーチングへ

44

チームのマネジメントと
チームビルディング

チームをマネジメントするリーダーにとって、コーチングの手法は
心強いツールになります。

目標設定と役割分担の確立
コーチングはチームビルディングに通じる

　あなたがリーダーとしてチームをマネジメントしていくとき、コーチングの基本的な考え方と手法は強力な助けになります。

　そもそもチームとは何でしょうか。「グループ」との違いとしてよく挙げられるのは、目標があることと、メンバーの役割分担があることです。

　SMART の基準を使って明確な目標を設定し、それを共有することで、チームの方向性をしっかりとそろえることができます。また、個々のメンバーへのコーチングによって、それぞれの個性や能力を引き出し、それを最大限に活かす役割分担を構築

することが可能です。コーチングを通じて「話を聞く文化」がチームに根づけば、メンバーどうしの理解と信頼も深まるはずです。チームが成長する過程では、メンバーの間に衝突が起こることもあります。そんなときリーダーは、中立的なファシリテーターとして、関係者を対話させましょう。チームのメンバーが互いに理解し、信頼して、目標達成のために協力する体制を作っていくことを、チームビルディングといいます。コーチングによるチームのマネジメントは、チームビルディングにも通じているのです。

目標設定

コーチング

ファシリテーター

POINT 1

組織の変化の段階を表す
タックマンモデルの5段階

　組織の成長と変化を表す理論に、タックマンモデルというものがあります。心理学者のブルース・タックマンが提唱したもので、右図のように、形成された組織は対立と衝突の時期を経てまとまり、成功を収めて解散する、という流れを表現しています。

　対立と衝突の「混乱期」も、チームのメンバーが理解し合うためには避けられないものです。タックマンモデルの知識をもち、「今はそういう時期なんだ」と知ることによって、苦しい時期も乗り越えることができます。

タックマンモデル

①形成期	チームの形成

②混乱期	チーム内の対立

③統一期	チームの安定

④機能期	チームの成果

⑤散会期	チームの解散

POINT 2

あなたのチームの状況は？　ギャラップ社の12の質問

　メンバーの状態を知るために役立つのが、ギャラップ社というコンサルティング会社が作成した「Q12（12の質問)」です。これらの文に関してメンバーが「Yes」といえるような状況を作っていくことが、よりよいチームの実現につながります。

Q1　私は職場で何を期待されているか知っている。

Q2　私は仕事をうまく行うのに必要な材料や設備を与えられている。

Q3　職場で、私は最も得意なことをする機会を毎日与えられている。

Q4　最近7日のうちに、私はよい仕事をしたと認められたり、賞賛されたりした。

Q5　上司か職場のだれかが、私をひとりの人間として気にかけてくれているようだ。

Q6　私の成長をはげましてくれる人が職場にいる。

Q7　職場で、私の意見は尊重されているようだ。

Q8　私の会社の使命や目的が、私の仕事は重要だと感じさせてくれる。

Q9　私の同僚は、質の高い仕事をしようと取り組んでいる。

Q10　私は職場に親友がいる。

Q11　最近6ヶ月のうちに、職場のだれかが私に、私の進歩について話してくれた。

Q12　最近1年のうちに、私は仕事について学び、成長する機会があった。

セルフコーチングでハラスメントの防止を

地位や権限の差は、しばしばハラスメントを生みます。チームのリーダーが悪気なく取った言動が、メンバーにとっては耐えられないハラスメントになる、というケースも少なくありません。無自覚なハラスメントを防止したいリーダーにとっても、セルフコーチングは役に立ちます。

大事なのは、自分自身との落ち着いた対話を通して、できるだけ客観的に、現状の自分がもっている思い込みや価値観の偏り、ストレス、コミュニケーションの実態などに「気づく」ことです。

思い込みや価値観の偏りに気づいたら、メンバーそれぞれの個性を尊重することができます。ストレスに気づいたら、それをメンバーにぶつけず、別の方法で処理することができます。そして、自分が攻撃的なコミュニケーションをしてしまっていることに気づいたら、率直に謝罪して改善していくこともできるのです。

COLUMM 5

おわりに

「セルフコーチングをテーマにした書籍企画に協力してもらえませんか?」

本書の編集を担当してくださった浅井さんの1通のメールから、本書の執筆はスタートしました。

実際に具体的に書き進めてみると、セルフコーチング=「自分で考える」といったシンプルな手法でもあり、どんなことを書けばわかりやすくなるのか、また、どういったときにつまずきやすいのかなど、悩むことも多くありました。

そんなときは、実際にノートに思いついたことを書き出してみたり、誰かに向けて説明するつもりで「ひとり言録音」をして、執筆協力者の清末さんとディスカッションを重ねたり……。いろいろな人の力を借りて、私自身もセルフコーチングの効果をヒシヒシと感じながら完成したのが本書です。

ふり返ると、18年前に起業してから今もずっと「ノートに書く」という習慣が、私の道を切り拓いてくれています。

起業当時のノートは、格好よさに惹かれて使い始めた黒い小さなモレスキンでした。うっすら引かれた方眼が書きやすく、ポケットサイズも携帯しやすかったのですが、だんだん小さなサイズに物足りなさを感じるようになり、ラージサイズを使うようになりました。それから数年、もっと大きなサイズで、コストを気にせず使いたい!　と考えて100均のスケッチブックに移行。そこからまた数年を経て、今は書き心地に感動して使い始めた iPad&Apple Pencil をいつも携帯しています。

文中でもご紹介しましたが、自分で運を引き寄せる効果的な方法に気づけたのも、自分のビジネスの方向性を絞って進めていけたのも、意識

的に自分に問いかけ、書き出す「セルフコーチング」を実践していたからこそ。「悩むのではなく、考える」習慣を、いつの間にか身につけていました。

　問題に当たったとき、何かうまくいかないことがあるとき、目標に向けて自分の行動をより促進していきたいとき。「悩むのではなく、前向きに考える」セルフコーチングをぜひ活用してみてください。

　皆さんの未来がよりよく明るく広がっていきますように。
　心から応援しています！

谷 益美

※コピーして使用してください。

（資料1）ソーシャルスタイル診断 問診票

主張軸（縦軸）	←どちらの傾向がより強いか→					
ゆっくり慎重に行動する	-3	-1	0	1	3	迅速に行動する
ゆっくりソフトに話す	-3	-1	0	1	3	速く強く話す
発言はうつむきがち	-3	-1	0	1	3	発言は前のめり
遠慮がちに対話する	-3	-1	0	1	3	遠慮せずに対話する
思い切った行動はしない	-3	-1	0	1	3	思い切った行動をする
話すよりも聞く	-3	-1	0	1	3	聞くよりも話す
フォロワー志向	-3	-1	0	1	3	リーダー志向
決断が遅い	-3	-1	0	1	3	決断が速い
リスクを回避する	-3	-1	0	1	3	リスクを恐れない
プレッシャーを与えない	-3	-1	0	1	3	プレッシャーを与える
視線を合わせない	-3	-1	0	1	3	視線を合わせる
各点数合計						

総合計点数

点

感情軸（横軸）	←どちらの傾向がより強いか→					
身振り手振りが少ない	-3	-1	0	1	3	身振り手振りが多い
決められた行動をとる	-3	-1	0	1	3	自由な行動をとる
真面目な表情で話す	-3	-1	0	1	3	表情豊かに話す
うちとけにくい	-3	-1	0	1	3	親しみやすい
フォーマル	-3	-1	0	1	3	カジュアル
感情は出さない	-3	-1	0	1	3	感情を出す
決断は事実重視	-3	-1	0	1	3	決断は感覚重視
仕事志向	-3	-1	0	1	3	人間志向
雑談が苦手	-3	-1	0	1	3	雑談が得意
時間に厳しい	-3	-1	0	1	3	時間に無頓着
規律に従う	-3	-1	0	1	3	自分に従う
各点数合計						

総合計点数

点

→日頃の人とのかかわりやものの考え方をふり返り、どちらの傾向がより強いか、該当する数字を○で囲んでみましょう。できるだけ「3」か「-3」に極端にふったほうが、はっきりと結果が出ます。

（資料2）ソーシャルスタイル診断 判定チャート

自己主張（縦軸）

ドライビング　　　　　　　　　　エクスプレッシブ

				30			
				20			
				10			
-30	-20	-10	0	10	20	30	
				-10			
				-20			
				-30			

感情表出（横軸）

アナリディカル　　　　　　　　　　エミアブル

→主張、感情の合計点数を上記に当てはめてみましょう。両方の点数を結んだところにあるエリアが、あなたのソーシャルスタイル傾向です。

さんの GROWモデルワークシート

理想とする
未来

あなたの理想的な未来＝ありたい姿、手に入れたいもの・こと（Goal）

G

ギャップ

実現のための選択肢と意志（Options&Will）

R
現状

時間

理想的な状態に対する現状（Reality）　　　使える資源（Resource）

127

谷益美

ビジネスコーチ、ファシリテーター、イラストレーター
株式会社ONDO代表取締役

1974年、香川県生まれ。香川大学卒。建材商社営業職、IT企業営業職を経て2005年独立。早稲田大学ビジネススクール非常勤講師。一般財団法人生涯学習開発財団 認定マスターコーチ。企業、大学、官公庁など、年間約200本超の対話型学びの場作りを行う。2015年&2019年、優れた講義を実施する教員に贈られる「早稲田大学Teaching Award」受賞。著書に、『リーダーのための! コーチングスキル』『まとまる!決まる! 動き出す! ホワイトボード仕事術』(以上、すばる舎)、『チームの成果を最大化する オンライン会議BASICS100』(日本能率協会マネジメントセンター)などがある。

Creative Staff
編集／浅井貴仁(エディットリアル株式會社)
執筆協力／清末浩平(ユニバーサル・パブリシング株式会社)
デザイン／風間佳子

目標達成に導くセルフコーチング
思考を整理する自己対話のコツ

2023年8月30日　　第1版・第1刷発行

著　者　　谷　益美　(たに　ますみ)
発行人　　株式会社メイツユニバーサルコンテンツ
代表者　　大羽　孝志
　　　　　〒102-0093東京都千代田区平河町一丁目1-8
印刷　　　株式会社厚徳社

◎『メイツ出版』は当社の商標です。

ご意見・ご感想はホームページから承っております。
ウェブサイト　https://www.mates-publishing.co.jp/

企画担当：堀明研斗